「孤独」という生き方

「ありのままの自分」でいることのできる、自分だけの居場所を求めて

織田淳太郎

光文社新書

目次

はじめに

２０１６年11月20日、私は先妻との一人息子を病で亡くした。

暗雲で覆われた私の心の状態は、とうてい言葉で言い尽くすことができない。

私はただ、独りになりたかった。

都会の喧噪は私を失意の淵へと追いやるだけで、どんな慰めの言葉も哀しみを助長させるだけの「騒音」にしか聞こえなかった。テレビやインターネットに飛び交う情報の嵐も、私を深い孤立の闇へと突き落とすばかりだった。

世間が提示する何ものも、自分の心を救うことはできない。そのことを痛烈に思い知らされたとき、私は人里遠く離れた山の奥に逃げ込んでいた。

本書の短い「物語」は、ここから始まる。

「孤独」から逃れるという「孤独」にさえ耐え切れず、さらに深い「孤独」へと身を隠す。この衝動に駆られた自暴的な選択、そして息子を失ったことで唐突に始めた山の生活が、その後の私の心にどんな変化をもたらしたのか。

たしかに言えることは、失意と哀しみに揺れ動きながらも、私の心が緩やかに、しかも確実に癒されていったことである。

自らの死をも希求していた私が、なぜ「癒し」という思わぬ活力を得ることができたのか。しばらくその理由がわからなかったが、とにかく私は少しずつ笑顔を取り戻し、以前とはまるで違う穏やかな自分がそこにいるのを、やがて見出すようになった。

いまでは、その理由がわかる。

インターネットの爆発的な普及などによって肥大化した情報社会、それによって人びとが群れ集い、繋がることを良しとしてきた世間的な価値観……。しかし、それも虚しさを深めるだけの形骸化した繋がりでしかなく、人びとが傷つけ合う土壌とさえなってきたという現実。そのことに、私の心は早くから疲れ切っていたのかもしれない。

そして、群れ集うことで、必然的に喚起される「監視されている」「価値判断されている」

といった息が詰まるような感覚。そこから逃れたいという衝動を押し殺し、社会的集団の足並みに辛うじて歩を合わせていたその私に、最愛の息子の死という事態が襲いかかった。
私が突如として野生動物の跋扈《ばっこ》する深山に入り、そこを生活の拠点にするようになったのも、「解放されたい」「ありのままの自分でいたい」という潜在的な欲求が、息子の死をきっかけに堰《せき》を切って溢れ出したからなのだろう。

こうした「ありのままの自分」でいることへの憧憬《しょうけい》は、もちろん私だけが持ち合わせているものではない。

本書では私以外にも、山で「独り生きる」多くの人たちが登場する。なかには世間から隔絶された文字通りの秘境に住む人や、私と同じように最愛のわが子を失ったことで山奥に逃げ込んできた人もいる。

彼らはなぜ、山に惹かれたのか。自然との共生は彼らに何を教えたのか。自然へと導かれたそのプロセスはそれぞれ異なるものの、私たちに共通していたのが、世俗の制約から解放された「ありのまま」の自分との邂逅《かいこう》という心地よさだった。

私はそれを「独り在ること」と呼んでいる。

「独り在ること」は、孤立としての「孤独」とは明らかに意味が違う。私はそれを以下のように定義した。

〈いまここにいる自分以外の何かになろうとすることを放棄した心の状態〉

本書にも登場する公認心理師の米倉一哉さんは、これを「良いと思われる部分も悪いと思われる部分も含めて、自分自身のすべてと繋がっている心の状態」と定義している。

そして、新型コロナウイルスの世界的な災禍に見舞われたいま、多くの人が行動制限による閉塞感を抱いている一方で、「独り在る」心の状態を求める人が増えてきたのも、紛れのない事実なのだろう。

本書でも紹介しているが、２０２０年の後半、内閣府が1万人を対象にコロナ禍による生活意識や生活行動の変化などの調査を行った。それによると、リモートワーク経験者の24・6パーセントが地方移住への関心を高め、64・2パーセントが「仕事より生活を優先させたい」と答えるなど、「個」を尊重する傾向が浮き彫りになった。この傾向は若い世代でも目立ち、都内23区在住の20歳代の35・4パーセントが、地方移住への興味を示すなど、ある意味普遍的な欲求であることが示唆されている。

裏返せば、そこにあるのは、群れることへのアンチテーゼに他ならない。テレビ朝日系の

「ポツンと一軒家」や他局の田舎来訪番組が、長期にわたって根強い人気を誇ってきたのも、「解放されたい」「独りでいたい」という人びとの潜在的な欲求が、そこに投影されているからなのだろう。

「そういう意味で」

と、米倉さんは言う。

「多くの人が田舎に移住したり、東京オリンピック・パラリンピックの強行開催に反対したのも、コロナ対策という側面もさることながら、群れ集うことの疲弊感から解放されたいという潜在的な願望が、そこに映し出されたからなのでしょう。

いまや時代そのものが〝人々が集まる時代〟から〝人々が離れたがっている時代〟に移行しつつあるのは、間違いないような気がします。そして、良くも悪くも、その価値観の転換に大きく関与したのが、コロナの蔓延ではないかと、私は捉えています」

私がそうだったように、私たちの多くは恒常的な満足や幸福を得るために、自分以外のあらゆる何かを必要とし、それを執拗に追い求めてきた。「お金があれば」「恋人がいれば」「世間に認められれば」「崇高な教えがあれば」……幸せを手に入れることができる、と。

　しかし、それは一過性の儚《はかな》い満足しか、私たちに与えることができない。願いはいつか裏切られ、人びとは静かな絶望のなかで深い溜め息をつく。私たちはそんな虚しい闘いの日々を、あまりにも長く繰り返してきたのではないか。

　私はいま、改めて自分自身に問う。乱されることのない平安、揺らぐことのない自由、依存することのない幸せ……は、どこにあるのか。操り、操られるこの監視社会の市井の人として生きながらも、そこから超然として「在る」生き方とは、いったいどこにあるのか、と。やはりそれは、自己の内面深くに静かに佇む「ありのままの自分」との出会い、つまり「独り在ること」の静寂のなかにしか見出せないのではないか。

　私は息子の死という体験を通して、そのことをほとんど無条件に受け入れることができたような気がする。

２０２１年7月15日　山荘「悠庵」にて

織田淳太郎

1章
「ありのままの自分」でいることのできる、自分だけの居場所を求めて

人里離れた禅寺への逃避行

そこは、まるで幽界を思わせる秘境だった。

関東地方の人里遠く離れた、とある山中。標高８５０メートルに広がるその世界は、霊妙な気に溢れ、私の意識をしばし現実から遠ざけた。

いくつもの渓谷を刻む深山の黄色がかった紅葉が、真冬日の寒々とした陽を浴びて眼下に揺らめいていた。

東の山間で１羽の大鷲が悠然と弧を描いていた。その下のほうに、松や杉の大木に囲まれた禅寺が、古色を帯びた姿態をわずかに覗かせている。

私は再び車に乗り込み、禅寺へと続く狭い山道を慎重に下り始めた。２００メートルほど下った左手に、水飛沫《しぶき》を上げる滝のような清流があった。そこから山道は右に急カーブをとり、その正面に場違いとも思える西洋風の瀟洒《しょうしゃ》な一軒家と境内の入り口が見えてきた。

突然、複数の犬の吠え声が静けさを打ち破った。西洋風の家のサッシに３頭の大型犬の姿が、小さく見えた。そのうちの2頭は仔犬で、ともに一つの檻に入っていたが、さかんに吠えながらも、みな一様に尻尾を振っているのがわかった。

家のドアが開いて、作務衣《さむえ》姿の住職が出てきた。続いて1頭のラブラドール犬も勢いよく飛び出してきた。ラブラドール犬は喜び勇んで私に飛びつくと、大きな舌で私の顔をペロリとなめた。

標高850メートルの秘境

「やあ、いらっしゃい」

住職の表情が穏やかだった。

「犬は平気ですか？」

私は「犬は好きです」と答えた。それから「何日か籠りたい」という急なお願いにもかかわらず、こうして私を快く受け入れてくれたことへの感謝を口にした。

「どうぞ、こちらへ」

住職に案内されたのは、江戸時代に建てられたという本殿の大広間だった。大広間の引き戸を開けると、縁側の先に境内が広がっていた。その向こうの傾斜地には、松や杉の大木が本殿

本殿

を守るかのようにどっしりと林立している。

私が車から荷物を大広間に移すと、次に住職は私を境内の奥の高台にある座禅堂へと案内した。そこは薄暗く、凛とした荘厳さが漂っていた。ちょうど向かい合うような形で、壁伝いの台座に座禅用の座布団が並べられている。

座禅堂の廊下にも座禅用の台座が用意されていた。台座に面する窓を開け放つと、目の前に数本の松の大木がどっしりと構え、その先に息を呑むような壮大な自然が広がっていた。

「お腹でゆっくり呼吸しながら、この風景を半眼でぼんやり捉えるんです」

住職が言った。それから自ら手本を示し、座禅のやり方を教授してくれた。

「腰の角度は90度。臀部と両膝の3点で上体を支えます。さらに全身の筋肉をリラックスさせて、呼吸がしやすい体勢を維持します。ご自分の体を一本の木に見立て、丹田にその根が

座禅堂（上）とその内部（下）

あるのだと想定するのもいいでしょう。私の場合は、海中深くに沈んでいる自分をイメージします。その海底から海面のさざ波を見つめているような感じです。

　さざ波とは雑念です。執着とはさざ波であるその雑念を掴まえていようとする心の働きに他なりません。ですから、雑念に巻き込まれることなく、ただそれを離れたところから見ていてください。すぐにはうまくいかないでしょうが、そのうち雑念も消えていきますから」

　住職はそう言い残して、座禅堂を後にした。

　私は教えられたように半跏趺坐《はんかふざ》（片方の足をもう一方の足の腿の上に乗せる）の形で足を組むと、台座の外に広がる幽玄の世界を半眼で見つめ、遠くから届く清流の囁きに耳を解放した。

　２０１７年12月12日。

私の山暮らしの第一歩が、ここから始まっていた。

*

私の先妻との29歳になる一人息子が、2年5か月の闘病生活の末に世を去ったのは、私が禅寺を訪れた、わずか3週間前。２０１６年11月20日のことである。

私は「自分」という存在が粉々に砕け散ったような感覚に襲われた。そのバラバラになった自己の欠片《かけら》を探し、一つずつ拾い集めでもするかのように、あてもなく街中を彷徨《さまよ》い続けた。

しかし、そこに救いの萌芽は微塵も見出せなかった。目に映る風景のすべてが恐ろしいほど色褪せて見え、都会の雑踏も私を孤独の深みへと追いやるだけだった。街中で親子連れを見かけると、幼い頃の息子の姿が鮮明に蘇り、心は形容しがたい哀しみに襲われた。若いカップルを見かけたときも、そこに息子の姿をだぶらせ、苦しみと喪失感だけをいたずらに助長させた。

罪悪感が私を苦しめていた。お互いの自宅が近いこともあり、私は離婚後も息子との接点だけは、精一杯に持ったつもりだった。しかし、両親の不和によって、息子に一家団欒《だんらん》を味わわせてあげられなかったことへの自責。かつての嫁姑問題に対して、夫であり子である私自身が、あまりにも無力だったことへの悔悟。そして、母親想いで、「お祖母ちゃん子」でもあった息子が、そのことをどんな想いで見つめていたか。それを思うと、息子への申し訳なさが、私のなかで津波のように荒れ狂った。

みぞおちの辺りが、異物でも詰め込まれているかのように、いつも不快だった。それはつねに吐き気を誘発し、私から食欲を奪った。その2年と5か月前、息子の末期がんが発覚してから減り始めた体重は、さらに減少の一途を辿り、その頃の私と言えば、身も心も「生きる屍《しかばね》」のようだったのかもしれない。

「ここからいなくなりたい」

そう思い始めた。孤独のなかにだけ、わずかな「救い」が潜んでいるような気がした。

「誰もいないところに逃げて、独りになりたい」

すがるような想いで、人里離れた寺院に次々と電話を入れた。しかし、宿坊シーズンが終わったこともあり、「しばらくいさせてほしい」という私の願いは、ことごとく断られた。

そのなかで、一人の住職だけが私の切な願いを受け止め、こう口にしてくれた。

「ここは山の奥で、建物も古いし、この時期は寒さもひとしおですよ。それでも構わないのなら、どうぞ心が落ち着くまでいてください」
前記した禅寺の住職だった。

＊

禅寺での私の一日は、早朝の座禅から始まった。それを誰もいない座禅堂で30～40分ほど行うと、次にラブラドール犬たちにドッグフードを与え、そのまま朝の散歩に連れ出す。ラブラドールは、3頭ではなく4頭いた。父犬、母犬、そして半年前に生まれた2頭の仔犬である。

狭い山道をうねるように登ると、4頭のラブラドール犬たちは、リードなしにもかかわらず、私の歩む方向へとはしゃぎながらついてきた。

禅寺の上のほうに、見晴らしのいい広い草原があった。そこまで来ると、2頭の仔犬は猛烈な勢いで走り回り、ときに崖下に姿を消した。母犬も尻尾をお尻ごと振りながら、その仲間に加わった。

父犬は大きな岩の上に座る私の傍らにジッと寄り添っていた。

「お前はいいよなあ」

私はその父犬に語りかけた。

「こうして自分の子供たちと散歩できるんだから……」

私を見上げる父犬の瞳は、私の心を見透かしたように澄んでいた。そして、私の顔をペロリとなめると、壮大な自然へと私と同じように顔を向ける。

座禅堂からの眺望

「それにしても……」

眼下の渓谷に目をやりながら、ふと思った。

「自分はいま、どうしてここにいるのだろうか……」

夥《おびただ》しい情報の錯綜もなければ、泥のような情念の横溢もない、大自然に抱かれたこの緘黙《かんもく》の地。周囲10キロ圏内には人家が1軒しかなく、古寺を守る住職も一人暮らし。テレビやラジオもなければ、携帯電話の電波も届かない、多くの野生動物が棲息するこの過酷な真冬の霊山の深みに、なぜ私が引き寄せられたのか。

「独りになりたい」という突発的な想いに突き動かされてここに辿りついたものの、その衝動の奥にある無意識の欲求を、喪失感に囚われていた当時の私にわかるはずもない。

私にできることと言えば、外界から遮断されたこの静かな時の流れに、ただ身を沈めることだけだった。

だが、滞在日数を重ねていくうちに、こんなこともぼんやり考えるようになった。それが、私のなかの不毛感をいくぶんでも慰めてくれるような気がしたからである。

〈住職はどうして、こんな淋しいところに独りで暮らしているんだろうか……〉

「自分に嘘をついて生きてきた」

住職の名前を仮にＳさんとする。

Ｓさんは１９６３年、禅宗系の寺院の長男として生まれた。本来ならば、生家である寺院を継ぐべき立場にあったが、両親から特にそのことは強要されなかったという。

Ｓさんは言う。

「両親に何も言われなかったものの、高校に入ってからは、僧侶になることに抵抗を覚えるようになりました。高校時代の仲間の多くは、大学に進学して、その後はサラリーマンとして都会で働くといった雰囲気でしたので、ますますお寺を継ぐことに違和感を覚えたのだと思います。ただ、私は仏教系の大学に入りました。文学部でしたが、お寺の子供はその大学に進学するということを、子供の頃から刷り込まれてきたからでしょう。大学選びに関しては、まったく自然でしたね」

バブル期のピークにあった１９８６年、大学を卒業したＳさんは、都内の不動産会社に入社した。研修を終え、まず営業を担当した。その頃はほとんどストレスを感じなかったが、しばらくして総務部に回されると、徐々に重圧感がのしかかってきたという。

株主の名簿作成やそのデータ作り、地権者との売買契約書の作成など、事務仕事に忙殺される日々が続いた。そのうちに、自分のなかの何かが狂っていくのを感じるようになった。

「いまで言うパニック障害だったのだと思います。会社に行ってデスクに座った途端、頭に血が上っていくのがわかるんです。焦りのあまり手も震えましたし、心臓もバクバクして息が苦しくなる。そうなったら、簡単な文章さえ理解できなくなる。上司からは『こんなこともできないのか！』と、よく叱責されました。少しでも気持ちを落ち着かせようと、頻繁にトイレにも逃げ込みましたが、周囲からは『またトイレかよ』と呆れられる。それがまた、プレッシャーになって精神的な悪循環が続いていくんです。

その頃の私には会社を辞めるという選択肢はありませんでした。いや、その選択肢を自分のなかで消し去っていたと言ったほうがいいかもしれません。終身雇用という制度の許、当時の会社員の在り方には、一つの会社で社会人としての一歩を踏み出し、その同じ会社で社会人としての自分の役割を終える。そこから逸脱した者は、社会の落伍者として見られるという風潮がまだ残っていました。それもあって、何とか会社にしがみ付いていたようなものです」

しかし、葛藤と混乱の日々が終わったわけではない。それは真綿のようにジワジワと心を締め上げ、やがてＳさんは、「このままでは自分で自分の命を終わらせてしまうのではないか」。そんな恐れを抱くようになる。

ちょうどその頃、知人から山岳信仰の場として知られる東北地方の神社詣でを勧められた。

「少しでも心が落ち着くのなら」

そう思って、Ｓさんは会社に有給休暇願いを提出し、その神社に赴いた。36歳のときである。そして、このときの体験が彼の人生に決定的な転機をもたらすことになる。

「カルトのような話なので、人には言わないようにしてましたが」

Ｓさんは打ち明ける。

「神殿に入って椅子に腰かけた途端、体がコチンコチンに固まって動けなくなったんです。完全な金縛りでした。このときの恐怖は忘れることができません。体が動かないのに、ブルブル震え出し、それが止まらない。全身から冷や汗が噴き出し、息もできないんです。『神仏が自分に対して怒っているのかもしれない』。そう思いました。

本音を言うと、当時の私は神仏を信じていませんでした。しかし、恐怖と苦しさのあまり、『神様、どうかこの状態から私を救ってください』と思わず念じたんです。すると、金縛りがスーッと解けた。たぶん５～６分程度の金縛りだったのでしょうが、私にはずいぶん長く感じられました。そして、このとき心底思ったんです。『自分は自分に嘘をついて生きてきた。このままじゃ、本当に自分で自分を殺してしまう。生き方を真剣に見直さなければ』と」

Ｓさんを仏門へと誘う強烈な神秘体験だった。

＊

私にとって最初の救いの地となった秘境の禅寺。現在、Ｓさんが住職を務めるその禅寺が開山されたのは、いまから７００年ほど昔の鎌倉時代の末期だと言われている。

鎌倉幕府の弱体化に伴う朝廷を巻き込んだ南北朝時代の動乱期において、世を厭離《えんり》した南朝皇子がはるか東国に救いを求め、「獣も恐れをなす」と言われたこの幽谷の地に修行の場としての庵を構えたのが始まりだという。

表参道の山門には、阿吽《あうん》一対の筋骨隆々たる仁王像が、寺院を邪気から守るべく外界を睥《へい》睨《げい》している。その表参道へ至る獣道の一帯は、太古からのクマの生息地だが、その獣道の途中には開祖が修行したという座禅窟が、いまもなお残されている。

Sさんがなぜ、この悠久の歴史を刻む禅寺の住職に収まることになったのか。それは後記するとして、たしかにこの地は私にとっても世間の雑音から逃れ、息子や自分と静かに向き合うことのできる絶好の環境だった。

住職もまた「独りになりたい」という私の想いを尊重してくれた。ときに「余りものですが」と、手作りのうどんやカレーライスを手に私のいる本殿の大広間に顔を出したが、それ以外は特別な用事がない限り、私をソッとしておいてくれた。その心遣いが、私には何よりもありがたく感じられた。

「せめてもの恩返し」と、私は４頭のラブラドール犬の散歩以外にも、境内に点在する閻魔《えんま》堂や天狗堂などお堂の掃除をした。標高８５０メートルの高みにある、真冬の深山。山水を使うと、手がかじかむような冷たさだった。それでも、濡れた雑巾でひたすらお堂の床を拭くにつれて、その冷たさも薄れていった。

しかし、日に何度も組んだ座禅は、当初の私を苦しめるばかりだった。呼吸に意識を置き、半眼で眼前に広がる大自然に溶け込む。それによって無心状態を作ろうと「努力」すればするほど、過去の情景が湯水のごとく溢れ出てきた。

無邪気に遊ぶ幼い息子の姿が、よく脳裏を駆け巡った。その無垢な笑顔が、狂おしいほどの喪失感を募らせた。野球部に入り、無心に白球を追うユニホーム姿の息子も、セピア色の哀しい映像となって私の脳裏に蘇った。さらに、闘病生活に入って本格的に始めたアームレスリング。末期のがんを抱えながら、それを一切の言い訳にせず、黙々と大会に臨んだ息子の姿も、脳裏に浮かんでは、そのいじらしさに私を煩悶《はんもん》させた。そして、「生き切った」と言い残し、ＩＣＵのベッドで静かに息を引き取る息子の姿……。

こうした記憶の渦に巻き込まれると、必ずと言っていいほど罪悪感が私を襲った。耐え切れなくなった私は、たびたび座禅を中止するしかなかった。

あるとき、自分のほうから住職に助けを求めた。

「座禅をすると、かえって苦しくなることがあるんです。罪悪感が噴き出してしまって」

住職は雑念に囚われることなく、ただそれを見ていることの必要性を再び私に説くと、こう言葉を繋げた。

「とにかく息子さんはいま、哀しみも苦しみもない平和な世界にいるんだと思いますよ。お父さんが罪悪感で苦しむこと自体、息子さんが望んでいるものではないでしょう。遺された人が心穏やかに生きてゆく。これこそが亡くなった人の一番の願いなんですから」

*

私が座禅を始めた理由はおよそ2つあった。一つは、絶え間ない過去の記憶への反応を繰り返し、その過去と現在との比較においてつねに葛藤を呼び起こす思考という邪魔者を、何とか鎮めるためだった。

もう一つは、私が座禅や瞑想を「生きながら得る死の体験」として捉えたかったからである。肉体の基本的な要素である視・聴・嗅・味・触の5感を鎮め、それが完全に消え去ったときに訪れるはずの静寂と平安。それが、私たちが「死」と呼ぶ現象へのプロセスではないかと、勝手に考えていたのである。

実際、信頼できるスピリチュアルな書籍には、肉体や外界はただの幻想にすぎず、死と呼ばれるものによってその幻想から解き放たれたとき、私たちの意識は量子的に拡大し、より壮大で神秘に溢れた状態へと移行する、というようなことが書かれている。だとすると、一部で「自我の喪失」「無への回帰」「最後の審判」などと言われてきた「死」とは、巷間思われているような忌み嫌うべきものではなく、むしろ自我の背後に控える「根源的自己」へと到達するための偉大な触媒なのではないか。

　私が股関節や膝の痛さに耐えながら座禅に精を出していたのも、そうした死の本質というものを自分の体験から直接見出すことによって、息子の死が息子本人にとって肯定的な意味があったことを認識したかったからである。同時にそれは、私にとっても、狂おしいほどの喪失感からの解放を意味する。

　そして、この死と座禅や瞑想に関する私の解釈は、あながち荒唐無稽なものではない。いまだ死の本質の一瞥さえ私に訪れることはないが、あるとき雑談のなかで漏らした住職の言葉が、私を妙に安堵させた。

「あらゆる苦しみは、自分は肉体だという思い込みから生じていると思うんです。この世には病があり、老いがあり、死があり、ほとんどの人がそれに怯えて生きている。これは肉体と自分を同一視することによって生じる恐れだと思います。

しかし、肉体を構成する分子や原子といった物質、言い換えれば、所有するものが自分から一切なくなったらどうなるか。そこには、哀しみも苦しみもなく、生じるものも滅するものもない、まさに般若心経のような世界が待っているはずなのです。私はそこに本当の意味での解放があると思うんですよ。

実際、自分をそういう状態に持っていくことが、座禅の目的だとも言われています。自分の肉体が消滅したことを感じ、そこに留まる。それが『涅槃《ねはん》に入る』という意味だと、私は捉えています」

＊

住職であるSさんの生き方を劇的に変える触媒となった前記の金縛り体験。それを契機にSさんは会社を辞め、自転車による一人旅を始めた。

折り畳み式の自転車を携え、電車で北陸地方や京都方面に向かう。安ホテルをねぐらにしながら、あてもなく自転車を走らせた。一回の旅は１～２か月の長期に及び、帰郷して体を休ませると、またあてのない旅に赴く。そんな放浪的な生活をしばらく続けた。

「糸が切れた凧になりたかった」

と、Ｓさん。

「サラリーマン時代の私は、糸のついた凧そのものでした。その糸をちょん切られたら、自分はどこに向かうんだろうと、たまに思っていましたが、そんな風任せの生活を無性に体験したくなったんです。山にもよく登りました。サラリーマン時代には微塵も感じることのなかった解放感を覚えたし、かえってすべてのものと繋がっているような一体感を覚えました。一人旅でしたが、淋しさはまったくなかったですね」

丸１年間にわたる放浪生活を終えると、Ｓさんは頭を丸め、修行のために京都の禅寺に入った。強要された座禅修行はときに苦痛だったが、就寝時間帯の自主的な座禅を続けていくうちに、不思議な心地よさを覚えるようになった。前記したように、五感のすべてが消え去ったような、形容しがたい心の解放感が訪れたのだという。

「この座禅が私には嵌《はま》りました」

京都の禅寺での２年間の修行を終えると、Ｓさんは次に奉公と修行を兼ねて、各地の寺院を遍歴した。こうして計４年の修行の果てに住職として収まったのが、いま菩提《ぼだい》を守るこの禅寺である。

同寺に関する資料を繙《ひもと》くと、檀家は最も多かったときで江戸時代の１８０戸。しかし、野生動物が跋扈《ばっこ》する標高８５０メートルの深山。その後、時代が近代化への道を歩むにつれて、檀家数は激減の一途を辿り、やがて同寺は寺院を守るべき住職の確保にも難渋するようになる。

Ｓさんはなぜ、こんな淋しい奥山の禅寺に入ることになったのか。

「あまりにも辺鄙《へんぴ》なところなので、廃寺になったり、住職が来て再興したりを繰り返してきたそうですが、実は私の祖父もこのお寺の住職を務めていたんです。私が物心ついた頃はすでに住職で、子供のときは年に２回ほど遊びに行きました。当時はお寺へと続く道路もなかったので、途中から獣道を登っていくしかありません。そんな環境だったので、休日でも参拝客はほとんど見かけませんでした。野生動物しかいなく、人も寄り付かないようなそんな淋しいお寺を、祖父一人で守っていたんです」

その祖父もＳさんがサラリーマン時代に世を去った。以来、このお寺は後継者が見つからず、10年ほども廃寺状態で放置されていたという。

「そこに、私が住職として入り込んだ。このお寺に自分から手を挙げて『入ります』と言ったのは私ぐらいなものでしょう（笑）。でも、この誰もいない静かな自然こそ、私が何よりも求めていたものだったんです」

Sさん、いや住職が40歳にして辿りついた安住の地だった。

シカの赤子

寺院の長男として生まれながら、かつてのSさんは僧籍への抵抗を示し、華やかな都会生活に身を投じた。それが一転、隠遁的な環境に自らを置く。このまったく正反対の暮らしは、彼の心にどんな変化をもたらせたのか。

住職は言う。

「都会でのサラリーマン時代は、人の顔色を見ながら強烈なプレッシャーのなかで過ごしてました。終身雇用という庇護の許で、必死に自分を守ろうとしてきましたが、結局はそれに耐えきれず、自分から飛び出してしまったんです。その辛い経験が独り気ままでいることへの強い憧れを育み、私をこの孤独な環境に馴染ませたのかもしれません。

禅寺では終始、野生動物が蠢《うごめ》く気配がするし、実際にシカやイノシシ、サルなどが頻繁に出没しました。実を食べようとクルミの木に登ったのでしょう。クマの爪痕が木に残っているのを見つけたこともたびたびあります。夜になれば、外はそれこそ真っ暗闇で、古い本殿の屋根裏からは野生動物らしきものの鳴き声が聞こえてきました。まるで彼らが運動会をやっているかのように、カタカタという音もするんです。
何がいるんだろう？と、屋根裏を覗けば、やはり何かいる。そして、暗くなると、屋根の隙間からスーッと何かが飛んでいく。ムササビでした。本殿の屋根裏を自分たちの巣にしていたんです。でも、不思議にも怖さはまったく感じなかった。彼ら野生動物たちと一緒に暮らしているような感覚になり、心はむしろこの孤独な生活を楽しんでいました」

住職の一日は本殿縁側での座禅から始まった。鬱蒼とした森の至るところから届く命の鼓動。その息吹に英気を養われ、彼はいつしか本来の自分を取り戻していった。

しかし、秘境の禅寺暮らしにおいて、問題がないわけではなかった。古い歴史を刻む寺院を守るにしても、いまや檀家はないに等しい。収入がない状態で、いかに寺院を存続させ、自分が生きていく糧《かて》を得ればいいのか。

「葬儀や法事も年に１～２回ぐらいあるだけ。他寺の法事や葬儀の手伝いなどもしていましたが、これじゃとても食べていけない。そこで、しばらく経って宿坊をやることにしたんです。それでも、当初はお客さんが少なかった。週に２～３人程度で、まったくゼロという週もあったほどです。なかには10日ほど一人で泊まっていったお客さんもいましたが、そういうときは1泊分だけ宿泊費をいただき、それ以外は自由に滞在してもらいました。たぶん何かの事情があって、ここに来たのでしょう」

＊

収入面で質素な生活を余儀なくされたとはいえ、住職にとってこの静謐《せいひつ》の地は、何物にも代えがたい宝物だった。宿坊客がいるときは、法話や座禅指導、精進料理の支度などで忙しい思いをしたが、それも頻繁にあるわけではない。

勤行《ごんぎょう》や座禅、本殿や境内の掃除などに精を出しつつも、大自然の澄んだ霊気のなかで「素の自分でいる」ことの至福の時間が、彼にはふんだんに与えられた。

そんな「あるがまま」の日々を堪能していた、２００９年6月のある日のことだった。近くの山道を散策していると、目の前の崖下の藪のなかから数羽のカラスが一斉に飛び立った。

住職はカラスが群がっていた藪の奥に目をやった。野生動物らしきものが血まみれで横たわっている。カラスの餌食になったのは一目瞭然だった。

「もう死んでいるのだろう」

一度はやり過ごそうとしたが、気になってもう一度、目を向けた。かすかに動いているのがわかった。

住職は山道を迂回すると、崖下から藪をかき分けて、瀕死の野生動物の許に向かった。まだ臍の緒がついている、産まれたばかりのシカだった。住職は血まみれのシカの赤子を抱き上げ、お寺に連れて行った。

「とにかく栄養を取らせなければ助からないと思いました」

脱脂綿に牛乳を湿らせて、口元に持って行った。が、赤子のシカはそれを受けつけず、次に住職は「シカ煎餅があるぐらいだから」と煎餅を与えた。シカはそれも受けつけず、リンゴやキウイといった果物もことごとく拒絶した。

翌日、住職は街の獣医に「何を飲ませたらいいのか」と、電話で問い合わせた。しかし、獣医にはその知識がなく、今度は関東のとある動物園に電話を入れた。

「シカの胃はウシの胃と同じような働きを持っているので、ウシの赤ちゃんと同じものをあげるといいでしょう」

動物園の飼育係はそう説明し、脱脂粉乳をその候補として挙げた。

住職はさっそく関東圏内のＪＡから脱脂粉乳を電話注文した。２日後に脱脂粉乳が届くと、動物園の飼育係から教わった通りの割合でぬるま湯に溶かし、それを哺乳瓶でシカに与えた。

「哺乳瓶を口の周りにつけたら、ようやくペチャペチャやり始めてくれました。それから哺乳瓶で飲むようになって、少しずつ元気を取り戻していったんです。瀕死の状態にもかかわらず、脱脂粉乳が届くまでの３日間は、シカは飲まず食わず。それでも生き続けていたんです。野生の強さ、逞《たくま》しさというものを実感しました」

*

住職は仔ジカと暮らし始めた。仔ジカは住職を母親と思い込み、どこへ行くにもその後を追った。夜も同じ布団で寝た。

ちょうど境内のひと隅で、サクラソウ科の一種であるクリンソウが咲き始めていた頃だった。住職はそのクリンソウにあやかって、仔ジカを「クリン」と名づけた。

「産まれて間もない野生動物というのは、母親から離れたら生きていけません。クリンも本能的に私から離れてはいけないと思ったのでしょう。私の姿を見失ったら、それこそ半狂乱のようにピーピー鳴いて必死に騒ぐんです。そして、私を見つけたら、ものすごい勢いで駆け寄ってくる。私が車で出かけるときは、しかたがないので部屋に閉じ込めましたが、その間もピーピー鳴いていたのでしょう。とにかく私もクリンが可愛くてしかたがなかった。宿坊を始めたばかりの頃だったので、お客さんにもずいぶん喜ばれました。
ただ、ダニがすごいんです。耳のなかといい、体といい、ダニがびっちりたかっている。風呂に入れてシャンプーで洗い落とそうともしましたが、まったく効果がない。おかげで、一緒に寝ると、私まで体が痒くて痒くて（笑）。それでも、別々に寝ようなんて思いませんでした」

しかし、野生動物の成長は早い。それも、クリンはメスである。夜が深まると、クリンの匂いに引き寄せられ、野生の牡《おす》ジカたちがキュンキュン鳴きながら境内に出没するようになった。すると、クリンがその鳴き声に呼応して、耳をピンと立てる。牡ジカのほうに行こうとする仕草も見せたが、結局は住職の傍を離れなかった。

住職の心は葛藤で揺れた。クリンは本来、野生のシカ。人間に飼われることで、鳥籠のなかの鳥のようになっている。こんな生活が続けば、もはや野生に戻れなくなってしまう。それがクリンにとって、幸せなことなのだろうか……。

「いま自然に戻さなければ」という想いと「このまま傍にいてほしい」という想いがせめぎ合い、心は迷いに迷った。が、クリンのために心を鬼にした。

最終的に前者を選択したのは、クリンと暮らして3か月が経った同年9月下旬のことだったという。

「私とクリンは本殿の大広間で一緒に寝ていましたが、ある夜、境内に面する引き戸をあえて少しだけ開けて眠りに就いたんです。その夜もまた、牡ジカがクリンを求めて境内の周りにいました。クリンはやはり聞き耳を立て、行きたそうな素振りを見せていましたが、そのうち私も寝てしまった。

朝起きてみたら、クリンの姿はありませんでした。『ああ、いないんだな……』。そう思ったら、急に淋しくなって。独りぼっちになった自分を強く感じたことを覚えています」

入山から5年余。住職が初めて覚えた孤立感だった。

*

大自然に漂う清澄な霊気には、やはり人の心を癒す力があるのだろうか。

前記したように、私が初めてこの秘境の禅寺に入ったのは、息子を失ってわずか3週間後の２０１６年12月12日。同17日までの6日間をここで過ごしたが、その間たびたび深い喪失感や罪悪感に煩悶することはあっても、それが間断なく続くという「地獄」は経験しなかった。眼前に広がる幽谷といつしか溶け合い、心鎮まっている自分にふと気がついたこともある。

だが、都内の自宅に帰るため下山すると、私の心はしだいにざわめき始めた。車窓から見える緑が少なくなり、人家や商店など世間の営みが広がっていくにつれて、苦しさが胸を覆い、吐き気を催すあのみぞおちの圧迫感が再び蘇ってきた。

車が都心部に近づき、煩雑な街並みや人々の忙《せわ》しない日常が否応なく目に付くようになると、イライラ感も表出してきた。

車中のＣＤから流れる音律の響きが（私は歌詞のない音楽をあえて聴いていた）、そのイライラ感に哀しみの色を滲ませ、私の胸を締め付けた。

「山に戻りたい……」

自宅に辿りつく前に、早くもそう思うようになっていた。

すべてから切り離されたような感覚が、私を再び苦しめた。自宅に戻ると、いまの妻や母が温かく迎え入れてくれたが、暗雲に覆われた心は癒えることがなかった。

依然として私は、世俗の営みに慰みを見出すことができなかった。特にテレビのバラエティ番組は、私にとって観るのも辛く、居間から否応なく聞こえてくるタレントのお笑いネタや出演者のバカ笑いが、不快なほど耳に煩わしく思えた。

元々興味が薄かったインターネットも、まったく見る気が起きなかった。インターネットを開くと、情報の洪水が嫌というほど押し寄せてくる。こうした情報が自分の心を慰めるとはとても思えなかった。ＳＮＳなどを通じて見知らぬ人と接点を持つことも、自分の救いに繋がるとは思えず、むしろ孤立感を深めるだけの虚妄にすぎないような気がした。

目に映るすべてが、色褪せて見えた。

私は深い闇のなかに、独り佇むしかなかった。

ラブラドール犬

仔ジカのクリンと寄り添って暮らした3か月。その楽しかった日々も、もはや「過去」として消え去り、住職の心にぽっかりと穴が空いた。山暮らしで初めて覚えた孤立感に、住職は一日の多くを放心状態で過ごすしかなかった。

「淋しさが募りました」

住職は振り返る。

「早朝や夜になると、ここにはよくシカが出てきます。普通、人間が近寄れば、シカは逃げていくものですが、クリンがいなくなった後、何度か表参道の山門辺りからこちらをジッと見ているシカが一頭だけいました。私が近寄っても逃げようとしない。あれはクリンだったのではないかと、いまでも思っています」

一方で、野生に戻ったクリンが、無事でいるのかどうかも気がかりだった。クリンがいなくなってしばらくすると、山は冬の到来の様相を呈し、鳥獣保護法（現・鳥獣保護管理法）に基づいて禁猟も解除された。

この時期には、発砲音が山に響き渡る。このときも方々から発砲音が轟いた。増えすぎることで自然生態系に影響を及ぼすシカやイノシシなどが、猟友会の面々によって駆除されているのだ。

クリンは人間に馴れている。いや、人間を自分の仲間だと、いまも思っているかもしれない。銃を構えた狩猟者が近くに寄ってきても逃げようとしないだろう。

「クリンが危ない」

そう思うと、居ても立ってもいられなくなった。

住職は寒山の奥に入り込み、至るところに「禁猟」の札を貼って歩いた。さらに、禁猟の理由として、次のような一文を書き添えた。

〈この一帯では冬季の間、多くの人が歩く修行を行っています。非常に危険ですので、発砲音がした場合は、すぐに警察に通報します〉

以来、発砲音がプッツリと途絶えた。少し安心したが、それでも心に空いた穴は、一向に埋めることができなかった。

「クリンと出会う前はまったく平気だったのに、クリンがいなくなってからは一緒にいてくれる存在が妙に欲しくなって」

クリンと別れて3か月ほど経ったある冬の日、住職は知人から産まれてまもないオスのラブラドール犬をもらいうけた。住職はこの仔犬に「千寿」という名をつけた。そして、このラブラドール犬こそ、傷心の私にソッと寄り添ってくれた前出の父犬である。

しかし、仔犬だった頃は、手が付けられないほどヤンチャだった。犬好きの宿坊客には喜ばれたが、ときおり女性宿坊客の悲鳴も住職の耳に届いた。

慌てて駆けつけると、リードで縁台に繋がれている千寿が、縁台を引きずり、境内を駆け回っている。それが、何度も続いた。

アルミ製の縁台の足はそれぞれあらぬ方向にねじ曲がり、縁台そのものがボロボロになるまで時間はかからなかった。

「体は小さかったけど、足だけはライオンみたいに大きい。その大きな足で踏ん張って、あんな重い縁台まで引きずり回すのですから、化け物のような仔犬でした。体力もずば抜けていた。私の車の後を追いかけて、山道を何キロも全速力で走ったこともあります。

この犬がきてから、この辺りにはクマが寄り付かなくなったし、何よりも私の淋しさが解消されました。大自然のなかで千寿とのんびり暮らす。それだけで、私は十分に満足でした」

＊

このラブラドール犬を巡って、住職には忘れられないエピソードがある。

２０１４年の2月、「10年に1度」の強い寒波が日本列島を呑み込んだ。日本政府が「豪雪非常災害対策本部」を設置したほどの豪雪が日本列島を襲い、標高８５０メートルにある禅寺の一帯も、同14日から16日にかけて2メートル前後の積雪に埋もれた。

禅寺には同13日から8人の宿坊客が滞在していた。16日には宿坊客のすべてが下山する予定だったが、豪雪が山道を呑み込み、送迎用のワゴン車もすっぽりと雪に埋もれている。下山しようにも、それは無理な話だった。

同15日、住職は役場にＳＯＳの電話を入れた。翌16日、自衛隊のヘリコプターが救助に駆けつけ、宿坊客８人がロープで救出された。その際、自衛官から住職に強い要請が下った。

「一緒に避難してください」

「犬がいるんです」

住職は言った。

「犬も連れていけますか？」

「犬はダメです」

「じゃ、避難しません。私はここに残ります」

「犬を気にしている場合じゃないでしょう⁉　従ってください」

「嫌です」

押し問答の末、自衛官のほうが根負けした。結局、ヘリコプターは住職一人を残して下山の途に就いた。

それから３日ほど経って、今度は地元の警察署から電話が入った。

「どうしても避難してもらわなければ困るんですよ。これからヘリで向かいます」

「わかりました」

そうは答えたものの、犬を残したまま下山する気はさらさらない。上空からヘリコプターの飛来音が迫ってくると、住職は犬と一緒に本殿の台所の隅にある2畳ほどの食品庫に身を潜めた。

「といっても、半ば諦めていましたが」

住職は言う。

「人がやってくると、千寿は必ず吠える。私たちが隠れていても、簡単に見つかってしまうでしょう。警察の人が外から『こんちは！　警察のものです』。そう大声を張り上げたときは、まさに万事休すでした」

ところが、意外にも犬は何の反応も見せなかった。住職の心を読み取っていたのか、住職に身を預けたまま、同じようにジッと息を潜めている。

「Sさん、いらっしゃいますかぁ!?」

本殿に踏み込んできた警察官が大声を張り上げながら、部屋という部屋を開けているのがわかった。まもなくして、警察官は台所にも侵入してきた。

「どこにいますかぁ!?　市の要請で来ましたぁ！」

すぐ近くからの大声にも、犬は依然として反応を見せない。警察官が台所に接する居間の襖を開けたり、勝手口の奥にある小部屋を探している様子が、ダイレクトに伝わってきた。

無理やりにでも救出するという緊迫感に、住職はさらに身を固くした。

警察官の足音が近づいてきて、食品庫の前で止まった。

「もうダメだ……」

観念するしかなかった。

しかし、ここでも意外な展開が待ち受けていた。

警察官はなぜか、食品庫の扉だけを開けることなく、

「しょうがねぇなあ」

父犬の千寿

そうぼやいて、台所を離れた。
やがて、上空に留まっていたヘリコプターの羽音が、遠ざかっていった。Sさんが食品庫から出ると、犬は吠えながら本殿を猛烈な勢いで走り回り、いつものようにヤンチャぶりを発揮した。
「つくづく不思議な犬だと思いました。むしろ人間以上に人間の心がわかるところがあるし、いつしかこの犬は私に

とってかけがえのない存在になっていました。しかし、ラブラドールの寿命は12～13年と言われています。もし千寿がいなくなったら、どれほどの哀しみに襲われるか、想像もできないほどです。だから、千寿の子孫を残そうと思ったんです」

２０１４年の夏、住職はラブラドール犬のメスの仔犬を購入した。その仔犬が成犬となった２０１６年６月には、千寿との子供が７頭産まれた。そのうち５頭は他家にもらわれ、２頭が禅寺に残った。

住職と４頭のラブラドール犬との静かな生活が、ここから始まっていた。

「客観的に見たら、私の生活は孤独と映るかもしれません。しかし、まったく淋しくありません。逆に、世間と切り離された生活が心地よく感じるんです。参拝客はたびたび来ますし、冬季以外の週末には宿坊もやっていて、それなりに忙しい日もあります。しかし、そうした人たちがいなくなって一人になると、ホッとするんです。特に宿坊をやっていない冬季は、参拝客もほとんどいないし、犬たちと孤独を謳歌していますよ」

独り在ること

私がこの禅寺をわが家のように使えるようになったのは、文字通りラブラドール犬たちのお陰だった。

住職は独り身である。写経や座禅の指導、法事などで寺院を空けることもあり、遠出の用事になると、その日のうちに戻ってこられないこともある。

そんなとき困ったのが、4頭のラブラドール犬の世話だった。大概はボランティアスタッフが寺院に泊まり込み、犬の世話を焼いてきたが、ときにはそうしたボランティアスタッフの確保がうまくいかないこともある。

そこに、私が登場した。私の職種と言えば、ノンフィクション作家の名を借りた「自由業」である。収入は安定しないが、会社員と違って自分の時間の使い方をある程度調整できるメリットを持ち合わせている。

その私のことを信頼してくれたのだろう。住職のほうから私に寺院の留守番と犬たちの世話を頼んできた。

私にとっては、願ったり叶ったりの依頼だった。大自然に抱かれた地で、誰にも邪魔されずに自分や亡き息子と向き合い、ありのままの自分に浸ることができる。当時の私が最も求めていた環境が、ここにあった。

以来、私は都内の自宅と禅寺を行き来するようになった。月の半分近くをこの秘境の地で暮らしたこともある。

しかし、住職不在のたった一人の山生活。４頭のラブラドール犬は境内の外に建つ住職の一軒家に住んでいるものの、私にあてがわれた部屋はそこから少し離れた境内の古ぼけた本殿の大広間。ご本尊が祀られる仏間がすぐ近くにあったが、その荘厳さがかえって恐怖にも似た威圧感を私に与えた。

日が暮れて辺り一面が漆黒の闇に沈むと、さすがに心細くなった。盗賊も寄り付かないほどの山の深みにあって、「変なものが侵入してこないだろうか」という不安も湧き出てきた。

しかも、本殿は江戸時代に建立されたもの。経年による歪みか、境内に面した引き戸の鍵が、空回りしてうまくかからない。悪戦苦闘した挙げ句、諦めて施錠せずに何度か就寝した。

真冬日の寒さも尋常ではなかった。石油ストーブも20畳近い大広間ではほとんど役に立たず、朝になると、飲みかけの缶コーヒーの中身が凍りついていた。

寒さと尿意で、まだ日の昇らないうちに目が覚めた。タバコを吸うために暗い境内に降りて、いきなり「キ～！」という野生動物の叫び声に襲われたこともある。

「サルの威嚇か!?」

吸いかけのタバコを携帯灰皿に押し込み、私は慌てて本殿へと逃げ込んだ（その叫び声の正体がシカであることを知ったのは、それからしばらくしてからである）。

荒れ狂う暴風雨のなかでも、一人禅寺で過ごした。森が狂ったように咆哮《ほうこう》し、境内を何かが飛び交っては、激しく砕け散った。大広間の布団に潜り込んだまま、私は自然の猛威に身を震わせながら朝を迎えるしかなかった。

しかし、世間から隔絶されたこうした自然環境が、私の傷んだ心を少しずつ癒してくれていったのは事実だった。

そこには価値判断や社会的な制約がなく、「ありのまま」の私を非難する何物も存在しなかった。あるのは、「独り在ること」への淡い心地よさのようなものだった。

「独り在ること」とは、「いまの自分以外の何かになろう」とする想いが、すべて消え去ったときに訪れる、心の静謐を意味するのかもしれない。そして、禅寺滞在時にたびたび覚えた、その「独り在ること」の感覚。それが私にとって、とてつもなく貴重なものに思えた。

ただ、わが家のように使わせてもらっていたとはいえ、禅寺は自分の所有物ではない。私の心のどこかに遠慮があったことは確かだった。たまに訪れる参拝客に声をかけられ、その対応に当たるのが煩わしく思えたこともある。

境内の外れの崖下に近いところには、ほとんど使われていない広い離れ屋があった。「ここがそれほど落ち着くのなら」と、住職はその離れ屋を私のセカンドハウスとして提供するとまで言ってくれたが、やはり私の遠慮する心がその好意に抵抗を示した。

やがて、私のなかの「独り在ること」への憧れは、より完全性を求めるようになっていった。一点の遠慮も気兼ねもなく、「ありのままの自分」でいることのできる自分だけの居場所。義務感や社会通念の放棄された、誰の目も介入できない静かな空間……。人々に「あるべき姿」を強要するこの世の中に、それは望むべくもないが、それでも私のなかで芽生えた「完全に素の自分のままでいたい」という衝動は抑えることができなかった。

そんなある日、禅寺から帰京する途中、自家用車の窓から小さな不動産会社が掲げる「田舎暮らし物件」の看板が目に入った。私は考えるまもなく、その不動産会社の駐車場に車を滑り込ませていた。

自分だけの庵

「できれば、誰もいない高台の緑豊かなところがいい」

私の希望を受けて、その小さな不動産会社の社長が最初に連れて行ってくれたのは、禅寺から西に40キロほど離れた標高460メートルの別荘地帯にある山荘だった。

三方を小高い森と樹木に囲まれ、西に大きく開けたその山荘の敷地に立つと、遠くの山間に街並みの一部が小さく見えた。そのはるか向こうでは荘大な山々の頂が、沈みゆく淡い陽光を受けて幻想的に浮かび上がっている。

60坪強の敷地の傾斜地に、凛とした力強さを湛えた山桜の巨木が、枝葉を広げて聳え立っていた。傾斜地にはカエデやツバキ、モミジなども植えられている。

山荘と山桜の巨木

敷地内の平地に建つ平屋の山荘はと言えば、6畳の和室二間と同程度の広さの台所だけという質素な佇まい。築30年とは思えないほどしっかりとした作りで、北に面した和室には床の間まであった。さらに、山荘の裏手斜面にはこの一帯で使用する山水の貯水タンクも置かれている。

「ここは」

と、不動産会社の社長が口にした。

山荘から望む山々の稜線

「他の別荘地帯とは趣が少し違って、孤独を好む人たちがバブル期にそれぞれの別荘を構えたようです。ご覧のように深い森に囲まれてひっそりしていますし、いまは電気代を払ってないとかで、街灯の電気も止まった状態です。夜になると、それこそ真っ暗でしょう」

一帯にはこの山荘も含めて6軒の別荘が、森の茂みに隠れるように点在していた。そのうちの2軒は完全な廃墟。あたりは静寂に包まれ、野鳥の澄んだ囀《さえず》りとせせらぎ以外、私の耳に届くものもない。

「ここを自分の庵としたい」――。

そう思った。

だが、自宅ローンを抱えている上、纏《まと》まった現金もない。「孤独に浸りたい」という私の気持ちを理解してくれていたとはいえ、いまの妻があっさり山荘購入に同意するわけもなく、当初は夢のまた夢だった。

その夢をリアルに空想したくて、禅寺を訪れるたびに、この高台の山荘に幾度となく車を走らせた。

山荘の一帯は、都会ではけっして触れることのできない様々な顔を見せた。朝は野鳥たちの楽しそうな囀りが閑散とした森林に響き渡り、太陽が真上にある日中は、はるか西方に見える山々の稜線が鮮やかに浮かび上がる。そして、夜になると、辺り一面は漆黒の闇に包まれ、沈黙の深みへと埋没した。

そうこうするうちに、夢を夢のままで終わらせようとする想いが薄れていった。私の気持ちは山荘購入へと急速に傾いていくしかなかった。ちょうど息子の治療費捻出のために部分解約した満期前の年金型保険があった。その残りすべてを解約すると、多少の損失は被るものの、山荘を購入してもお釣りがくる。「どっちにしても息子の治療費に全額充《あ》てるつもりだった」と割り切って、妻に内緒で解約の手続きに入ろうとした。

が、良心の咎《とが》めもあり、恐る恐る妻に打ち明けた。案の定、妻は反対した。金銭的な不安もあったが、自分に黙って不動産巡りをした挙げ句、山荘購入を勝手に決めたことが、面白くなかったらしい。

「買う」「ダメ」の押し問答が、１か月近くも続いた。その押し問答は夫婦にとって苦痛そのものだったが、「チャンスはいましかない」という想いが、私の心を頑なにさせていた。

そのうち、妻の態度が軟化してきた。秘境の禅寺通いで心癒され、徐々に平常心を取り戻していく夫の姿を感じ取っていたのかもしれない。ある日、妻のほうから言ってきた。

「考えたら、あなたは昔から自然の生活に憧れていたよね。たしかに、チャンスはいましかないのかも。保険の解約をやめることを含めて、いくつか条件を呑んでくれたら、私が足りないお金の工面をしてもいいよ」

以下が、会社員でもある妻の提示した条件だった。

①「上下水道はしっかりしているか」
②「建物に大幅な修復箇所がないか」
③「地盤は大丈夫か」
④「桜の枝が電線にかかったとき、電力会社が無料で処理してくれるのか」
⑤「年間の山荘維持費の概算」
⑥「値下げ交渉」
⑦「山荘でも執筆する」……云々。

①〜④には問題がないことが、すぐにわかった。地盤に関しては、一帯のほとんどが「土砂災害警戒区域」に入っていたが、この山荘だけはなぜか迂回するように同区域から外れていた。

⑤の年間の維持費に関しても、意外なほど安く済む。まず、自主管理のため管理費はなし。敷地内にある貯水タンクの山水も他の別荘地帯に提供しているため、その見返りとして山水の使用料や管理費も免除されていた。物件の年間の固定資産税は、２０１５年度が１万１９００円。バブルの再沸騰がない限り、この税額は経年によって下がることはあっても、上がることはまずない。

さらに、定住するわけではないので、定額の基本料金を取られるプロパンガスは、使用しないことにした。調理に使う火は、携帯用のガスコンロで事足りる。風呂にしても、山の下のほうに日帰り温泉施設がいくつかある。リフレッシュのためにも、これを利用しない手はない（のちに私は、電気代の安い湯沸かし用の風呂ヒーターを購入し、山荘の浴槽にも浸かるようになった）。

こうして概算すると、建物や水回りの修繕がない限り、山荘維持費の大半は電気代。自家用車のガソリン代や冬場の灯油代を含めても、おそらく年間10万円前後には収まるだろう。

残るハードルは、⑥の値下げ交渉である。売り出し価格は390万円。知り合いの税理士や友人にアドバイスを求めると、「最初から値下げ交渉に来ることを見込んだ価格。50万円ぐらいは簡単に値引きするはず」という的を射た声もあれば、「しばらく買い手がつかなかった物件なんだから、250万円が妥当」という声。極端なものになると、「固定資産税からいって、資産価値は90万円程度。120万〜130万円も出せば十分」という声まで飛び出した。

しかし、こうした別荘には、一般的な不動産評価が適用されない。あくまでも、売り手と買い手との「お気に入り価格」が、交渉のせめぎ合いになる。

「相手の言いなりにならず、かといって相手の足元を見すぎない」と、私が交渉のスタートとして提示した希望購入価格は「300万円」だった。

この価格を売り主があっさり受け入れてくれた。妻もまた、「その価格なら」と、金銭的援助を約束してくれた。

2017年3月30日、晴れて正式契約。こうして私は、憧れ続けてきた自分だけの庵を、ようやく構えることができた。

＊

私が初めてこの山荘に泊まったのは、同年4月4日のことである。

心配性の妻に急き立てられるように、購入に当たっては十分にこの山地の情報を収集したつもりでいたが、「ここはマムシが出たり、スズメバチが巣を作ったり、イノシシも多く出没するので要注意」と、初めて近隣の定住者から聞かされたのは、よりによって山荘泊初日のことである。

もっと肝心なことは、しばらくしてわかった。私が自分の庵を結んだこの一帯が、亡き息子のゆかりの地だったことである。

中学時代、息子は硬式野球に打ち込んでいた。夏休みには毎年地方合宿に赴き、私も一度だけ父兄としてその手伝いに行ったことがある。

山荘の6キロほど下にある野球運動場。そして山荘の1キロほど南にある民宿が、息子たちの合宿の場だったことに、私は山荘購入後1か月ほどしてようやく気がついた。

しかも、私が最初に救いを求めた標高850メートルの山中にある禅寺。そこに至る山道の途中にある渓流釣り場に、私は幼い息子を一度だけ遊びに連れてきていた。春になって釣り場に流れたクマよけのラジオが、そのことを私に思い出させたのである。

山荘を仲介した不動産会社の社長には、契約時にこうも打ち明けられた。

「実はあなたの他に、もう一人この物件が欲しくて堪らない男性がいたんです。まもなく定年退職を迎える人でした。ところが、お金を管理する奥さんが猛反対でしてね。その男性も相当頑張って説得に当たっていたようですが、結局、奥さんの理解を得られず、泣く泣く諦めました。状況が違っていたら、この物件はその男性のものになっていたかもしれません」

*

山荘泊初日の夜、誰もいない寂《せき》とした別荘地帯で、私の心は不思議なほど鎮まっていた。私はすべての部屋の電気を消すと、広いベランダに出て座禅を始めた。深い闇の奥から野生動物たちの蠢く気配が伝わり、傾斜地の茂みのなかからも、なにやらガサガサとした音が聞こえてきた。

「シカかイノシシだろう」とやり過ごしたが、翌朝起きてみると、貯水タンクから延びる排水管の繋ぎが外れて、山水が地面に滔々と流れ出ていた。

排水管の周りの土が、深く抉《えぐ》れている。イノシシが排水管脇の草の根や土中のミミズを食べにきたついでに、排水管の繋ぎまで外してしまったのだろう。

「やれやれ」と思って何とか排水管を繋ぎ直し、イノシシ対策としてその上にレンガを４つ積み重ねた。が、私の心はむしろ微笑んでいた。

それにしても……と思った。

私はなぜ、いまここにいて、心穏やかでいられるのだろうか。

息子の快癒のために祈り続けてくれた、あるシスターの言葉が、ふと脳裏をよぎった。

「人は死後、神の至福の光に包まれ、この世に遺した愛する人たちを助け、平安へと導いてくれるんです。だから、何も心配することなんてないんですよ」

私は息子の名前の一字をもらって、この山荘に「悠庵」の名をつけた。

2章

静かに続く田舎暮らし・別荘ブーム

どうかことばを
かけないでください
ただ　そっとしておいてください
わたしのことを
ほんとに思って
くれるならば
どうかもうなんにも
言わないでください
どうか黙っていてください
わたしのことを
こころから考えて
くれるならば（以下略）

＊

豊かな緑に囲まれた東日本の、とある田舎駅。２００５年の春、その閑散とした駅のホームに、一人の中年女性が憔悴しきった様子で降り立った。小山美保子さん（仮名）、当時61歳である。

小山さんはそのまま駅の近くの交番に駆け込むと、懇願するようにこう切り出した。

「助けてください！　娘を亡くして、ここまで逃げてきました。深い森のなかに入りたいんです！　仕事も辞めてきました。これからは年金暮らしですので、まずは安アパートを探したいんです」

小山さんの切な訴えに、３人の警察官が集まってきた。彼らは街にある不動産の仲介会社を調べると、一軒の不動産会社を選び、その社長を交番に呼んだ。

小山さんは不動産会社社長の案内で、数件の賃貸アパート物件を見て回った。そのなかから選んだのは、最寄り駅に近い家賃３万円の２ＬＤＫのアパートだった。

いったん都心の自宅に舞い戻った彼女は、長年住んだ自宅を処分すると、娘の位牌と最低限度の生活必需品だけを手に、そのアパートに移り住んだ。その際、一つの詩が刻印されたハガキを友人や知人に郵送した。それが、詩人にして書家の相田みつをが書き残した、冒頭の詩である。

「毎日、一人で山に入りました」

小山さんは言う。

「苦しみから逃れたい一心で、朝から晩まで山のなかを歩き回りました。とにかく自分の体を痛めつければ、楽になれると思っていました。それでも、苦しみは押し寄せるばかりで……。アパートにいるときは、一人で泣いてばかりいました。

私がこの見知らぬ地にきたのには、2つの理由がありました。一つは、人から逃れたい。近所の人たちや親しい人たちからも離れて独りになりたかったことです。親しい人にさえ、娘の死を知らせたくなかったのは、『どうして亡くなったの？』と聞かれるに決まっているからです。それに答えるのが、何よりも苦痛に思えました。娘の死を『そんなはずはない』と認めようとしない自分が、当時の私のなかにいたからでしょう。

そして、見知らぬ田舎にきたもう一つの理由が、自分の死に場所を探すことでした。ここにはたくさんの自然があるし、深い川の流れもあります。ところどころに、『命を大切に』という看板がかかっていたので、実際に飛び込んで命を絶つ人がいるのでしょう。私も山を歩きながら、『この川なら飛び込んで死ねるだろう』と何度も思いました」

その希死への衝動をいつも瀬戸際で引き留めたのが、所帯を持ってまもない息子の存在だった。歳の離れた妹が世を去ってからというもの、その息子もまた、人が変わったようにすっかりやつれ果ててしまったという。

「それでも私のことを気遣い、何とか支えようと懸命になっていました。私まで死んだら、その息子がどんな苦しみを味わうか。それを思うと自分の命を絶つことはなかなかできませんでした。死にたいのに死ねない。そんな葛藤のなかで苦しんでいたんです」


「完全に一人になれる静かな空間が欲しかった」


しかし、この見知らぬ僻地に住み始めると、知らずにいた自分の状態に気がつき始めた。あるとき、鬱蒼とした山の深い緑に触れて、小山さんの心が一瞬楽になった。彼女は息をしている自分に気がつき、娘を失ってから呼吸さえも満足にしてこなかった自分自身を初めて知った。

さらに、「親しい人にも娘の死を知らせたくなかった」という拒絶感。いつしかそれが薄れていたことにも気づいた。

田舎のアパートに住み始めてからというもの、小山さんはなぜか、近所の人たちに娘を失った自分の境遇を打ち明けることができるようになっていた。その心情を察した近隣の人たちは、少しでも心の支えになろうと、たびたび小山さんの許を訪れ、地区の民生委員も彼女の様子を見にきた。

「ここの人たちは私の過去を知らない。だからこそ娘の死という辛い心情を言えたのかもしれません。田舎に逃れて新しい自分として生きていこう。そんな気持ちも私の背中を押したのだと思います。私のところには、地元で布教活動を行う新興宗教の信者さんたちも毎日のようにきてくれました。元気のいいときだったら、そういうのはお断りしていたでしょうが、信者さんたちは私に入信を勧めるわけではなく、ただ私の話を聞いて寄り添ってくれました。そういう人たちのおかげで、私の心が癒されていった面も感じます」

やがて、小山さんはライフワークとしていたボランティア活動を当地でも再開するようになる。造園や剪定《せんてい》など林業の講習を受け、まず桜の管理に当たるボランティアについた。その後は引きこもりやうつ、家庭内の問題などで悩む人たちへの傾聴ボランティアのスタッフにもなった。

「苦しみを紛らわせるために、ボランティアをやったようなものです。自分がまったく救われてないのに、他人の悩みを聞くボランティアなんておかしいですよね（笑）。それが巡り巡って、自分の癒しにもなったんですから、つくづく人の心って繫がっているんだなぁと思います。

ただ、私が少し元気を取り戻すと、新興宗教の信者さんが入信を勧めてきて、私にこう言うんです。『ボランティアなんかしてはいけません。あれは、人間を神様から引き離すための悪魔の仕業です。これからは、神様の本当の教えを私たちと広げていきましょう』。

ボランティア活動が悪魔の仕業なんて嘘でしょ？と思いましたね。もちろん、入信はお断りました」

同じ頃、小山さんはアパートから北に7キロほど離れた小高い山の森の一角に土地を購入すると、廃材を使った小さな山小屋風の一軒家を建て、そこに移り住んだ。

「完全に一人になれる静かな空間がほしかった」

都会を逃れて2年6か月後の2007年の秋、小山さんの本格的な山暮らしがここから始まっていた。

「ポツンと一軒家」

いまも静かに続く田舎暮らし・別荘ブームは、１９８０年代の経済の沸騰期からスタートしたと言われている。その主役となったのが、バブル期の一翼を担った「団塊の世代」。彼らは１９７０年代の高度経済成長期の真っただ中を生きた人たちであり、その一部が脱サラなどによって田舎での第二の人生を選んだ経緯が目立ったという。

顕著なブームが訪れたのは２０００年以降。ちょうど団塊の世代が定年を迎える時期と重なり、彼らの多くが田舎に移り住んだ。その動きに触発されて、他の年齢層が移住先として田舎に目を向けるようになったのも、同じ時期だったという。

ただし、都会からの距離や交通網の普及などによって、ブームの到来に地域的なバラツキがあることも事実である。

たとえば、関東西部に広がる秩父地方（秩父市、横瀬町、皆野町、小鹿野町、長瀞町）。西武池袋線の池袋駅から特急で約１時間20分の西武秩父駅を主要駅とするこのエリアは、埼玉県全域の約４分の１の面積を占めるが、森林率は県全体の60％以上にも達する。秩父地方がいかに豊かな自然に恵まれているかを物語っている。

秩父鉄道・秩父駅の近くで「(株) 増田不動産」を営む増田喜彦さんは、「この秩父地方に限って言えば、西武秩父駅へと至る西武秩父線が開通した１９６９年頃から田舎暮らしの静かなブームが始まったのではないか」と言う。

「その頃から観光客がやってくるようになりましたし、都心からわりと近いこともあって、都会から移住してくる人が出てきたからです。１９８０年代のバブル期には、投資ブームも手伝って、土地の購入や別荘の建築が一気に増えていきました。私も毎日のようにお客さんを現地に案内していましたが、なかには現地も見ないで先に契約する人もいたほどです。

いまではその評価額も10分の１程度にすぎませんが、当時は山の奥でも坪10万円ぐらいの土地がけっこうありました。それを購入して高く転売するという『土地転がし』が流行っていたんです。

ただ、都会の喧騒を離れてのんびりしたい。誰もいないところで一人孤独に浸りたい。そういう理由で別荘を建てる人が、当時でもいることはいました。自分で沢から山水を引っ張ってきたり、井戸を掘ったり、借りた重機で土地を整地して畑を作ったり……と、自給自足的な生活を始める人も目立った。そういう意味で、昔の移住者のほうが逞しかったかもしれませんね」

だが、経済の停滞が続く昨今、わざわざ土地を購入して上物を建てる人は、あまりいなくなった。バブル当時に建てられた別荘を「割安価格で」購入する人がほとんどで、移住に耐えない朽ち果てた物件になると、大幅な値下げをしても売れない場合が多いという。

バブル期に購入した上物のない別荘用地も、子供、孫、曾孫へと受け継がれていく。その過程で、長く放置されたままの所有地だけでなく、所有者が不明となった別荘用地も増え続けた。全国において、こうした用途を失った土地の総面積は、いまでは九州全域とほぼ同じ面積にも及ぶという。

「それでも」

と、増田さん。

「田舎暮らしのブームが終わったわけではありません。いまでもお子さんを自然豊かな環境で育てたいと引っ越してくる家族がいれば、奥さんを東京に残したまま、定年後の田舎暮らしを一人楽しむ男性も多くいる。若い女性が一人で移り住んでくるようにもなりました。

やはり、煩雑な都会生活で疲弊した人、人間関係の鬱陶《うつとう》しさに辟易した人たちが、心のオアシスを求めているのだと思います。それは昔もいまも同じでしょう。そのせいか、一人で山に移住してきた人のなかには、変わり者が多いのも事実です。彼らは近隣の住民とすれ違っても挨拶しない。話しかけても返事さえしない人もいるほどです。それほど独りでいることに飢えているのでしょう。お客さんに『人付き合いが煩わしいからここにきた』と言われれば、私のほうでも返す言葉がありませんが（笑）」

心のオアシスを求めて、自然豊かな環境に引き寄せられる。もちろん、オアシスは秩父地方に限ったことではなく、全国の保養地や景勝地に広がっている。

福岡県鞍手郡で「田舎不動産（株）」を営む塚本實さん。「これまで５００人前後のお客さんに田舎物件を仲介した」という彼によれば、田舎暮らしに踏み切る人には、おおよそ２つのタイプがあるという。

「一つは田舎に住みたいと純粋に思い続けてきた人たち。もう一つは人生の逃げ道として田舎暮らしを選んだ人たちです。逃げ道として選ぶパターンとしては、たとえば企業戦士として仕事に打ち込んできたつもりが、途中で出世コースから外れたり、左遷させられたりと、自分が思い描いていた未来像に裏切られた人たちです。そういった挫折感に加えて、『人生ってこんなもんか』という達観が、彼らを都会の雑踏から長閑《のどか》な田舎へと向かわせるのでしょう。

団塊の世代で言えば、退職後は生まれ故郷に近い田舎に移住する人が目立ちました。生まれ故郷が懐かしい。かといって故郷に戻ったら人間関係が密になり、かえって煩わしい。それが故郷にわりと近い田舎に移住する理由だと思いますが、もちろん縁もゆかりもなく、遠くから九州の山に移住してくる人もいます。なかには、『寒いから』と、別荘地帯が豊富な長野県からわざわざ移り住んできた人もいたほどです」

*

現在、こうした田舎志向の象徴の一つとなっているのが、２０１８年10月からテレビ朝日系で放映されている「ポツンと一軒家」という番組である。

世間から隔絶された日本各地の僻地にポツンと建つ一軒家を衛星画像で探し出し、そこで暮らしている人たちを訪ね歩く。チャンネルの多様化や録画・ネットの映像配信の普及などによって、「視聴率10％超えなら大成功」と言われる放送業界において、同番組はつねに20％に肉薄する視聴率を稼いできた。

新型コロナウイルスの蔓延が深刻化した２０２０年の３月15日には、実に22・２％の高視聴率（ビデオリサーチ調査、関東地区）も弾き出している。

なぜ、同番組がこれほどまで人びとの関心を呼ぶのか。

「群れることへのアンチテーゼが、多くの人の意識に芽生えたからだと思います」

と、催眠療法の第一人者で、公認心理師の国家資格を持つ米倉一哉さん（日本催眠心理研究所所長）は分析する。

「意識的か無意識的かを問わず、人というのは自分のなかの淋しさもあって、人と繋がり、集まろうとします。ツイッターやフェイスブックなどＳＮＳの爆発的な普及は、それをいかにも象徴しているでしょう。ところが、多くの人と繋がるということは、ある種の弊害も生むのです。つまり、『縛られている』『監視されている』という感覚です。

実際、書き込みや発言に対するバッシングは後を絶ちませんし、いくら『イイネ』をもらったとしても、そうした窮屈な感覚はほとんどの場合、潜在的に消えることはありません。すると、今度は煩わしさや鬱陶しさを覚えるようになる。いまのネット社会において、多くの人たちがそうした煩わしさをどこかで感じてきたのだと思いますよ」

ところが、その煩わしさから解放されて生きている人がいるということが、テレビ番組や雑誌などを通じてわかってきた。彼らはなぜ、ポツンと淋しい僻地に暮らしているのか。いったいどんな気持ちで毎日を生きているのか。そういった興味が多くの人のなかで出てきたのでしょう。裏返せば、それは多くの人びとが潜在的に抱えてきた『解放されたい』という欲求を物語っています。

これまでは人と繋がることが良しとされ、多くの人と一緒になることが善とされる価値観が続いてきました。それによって、逆に人びとが傷つけ合ってきたという側面も否定できません。そしていま、その価値観が崩壊しかけているのだと思います」

米倉さんによると、その価値観の崩壊に、良くも悪くも大きく関与したのが、新型コロナウイルスの蔓延ではないかという。多くの尊い命が失われ、深刻な経済的困窮を生んだ一方で、それを機に多くの人が群れることを控え、自分なりのスタンスを重視する方向へと導かれたのではないか、と。そして、それは人類が連綿と繰り返してきた集結と離散のリズムに他ならない。

たとえば、太古の狩猟時代、人々は個や少数での行動を常とした。農耕時代に入ると、村社会が生まれ、その集団化が肥大した結果、やがて人々が群れ集う都市文化が誕生した。そして、今度はその群れ集う社会のなかから、個の尊重を求める者たちが、一人二人と離れていき、それが広く伝播していく。こうした「くっついたり離れたりする」人間の歴史において、たしかに現在は「人びとが離れたがっている時代」に突入しつつあるのかもしれない。

「その兆候はすでにいくつかありました。一つがダイバーシティ、つまり性別や学歴、障害の有無を問わず、それぞれの特性を活かした人材発掘という、多様性重視の企業が多く誕生したことです。いわば、既存のものに周囲が合わせる社会から、個々の特性に立脚した社会へと変わりつつあることですが、そこにコロナが登場した。それによって、生活スタイルの変化が加速したことは確かだと思いますよ。

たくさんの人が亡くなっていますし、コロナを忌み嫌う人も多いので、軽率なことは言えませんが、なかには逆にストレスを軽減させた人もいることはいるんです。私のクライアントさんのなかにも、『コロナのおかげで、乗りたくもない満員電車に乗らなくて済むようになった』と言う人がいれば、『わざわざ人が蠢く大都市に出る必要がなくなってホッとした』と言う人もいます。

引きこもりの人たちにも変化が見え始めてきました。彼らの心の奥には、自分は世間からドロップアウトした存在だという負い目や罪悪感が、つねに隠されています。ところが、コロナが蔓延して、自宅待機が推奨されるようになった。言うなれば、引きこもりが推奨されるようになったのです。

そこでどうなったか。それまで引きこもっていた人の多くが、外に出るようになったんです。自宅待機する社会人たちに『仲間だよ』と言われているような感覚になり、自分は世間から外れたダメな人間だという負い目から解放されたからですね」

＊

この新型コロナウイルスの蔓延は、田舎暮らしへの潜在的な願望も人びとのなかに喚起させている。

「はじめに」でも触れたが、1か月半に及んだ最初の緊急事態宣言が全面解除された2020年5月25日以降、内閣府が1万人を対象にコロナ禍による生活意識や生活行動の変化などについての調査を行った。それによると、リモートワーク経験者の24・6％が地方移住への関心を高め、64・2％が「仕事より生活を優先させたい」と答えるなど、ライフワークにおける顕著な志向の変化が浮き彫りにされた。しかも、この傾向は中高年層だけに見られたわけではない。東京23区在住の20歳代の35・4％が地方移住への関心を寄せるなど、若い世代にも顕著な傾向として現れている。

「たしかに」

と、前出の増田さん。

「最初の緊急事態宣言が解除されるまでの半年間は、田舎物件はほとんど売れませんでしたが、解除されてからというもの田舎暮らしを検討するお客さんがどんどん増えてきました。つい先日も70歳ぐらいの男性が、反対する奥さんをようやく説得して、都内から一人で秩父地方に引っ越してきました。そのお客さんは『コロナの件もあるからね』と口にした一方で、元々田舎で畑をやりたいという夢を持っていたようです。

また、バブル期こそ山を買うお客さんがいましたが、バブルが弾けてからは山を買う人などほとんどいなくなった。それが、ここにきて30～40歳代を中心に、山そのものの購入を検討するお客さんも目立ってきました。うちでも最近、50歳ぐらいの男性が飯能の山２０００坪を１０００万円弱で購入しています。何でもそこにテントを張って、キャンプを自由に楽しみたいとのことでした。今流行りのソロキャンプに触発されたところもあるのでしょうが、こんな山を買って将来どうするのかな?と、仲介した私のほうが心配になるほどで（笑）」

コロナ禍を機に、にわかに広がった田舎暮らしへの志向。米倉さんが指摘した通り、そこに「単なるコロナ対策ではなく、コロナが引き金となった潜在的な願望の表出」が、大きく関与しているのは、おそらく間違いないのだろう。

実際、私の山荘の近隣別荘地帯でも、２０２０年の後半になって、物件が突如として動き始めた。3章でも再び登場する下田寛さん。他の別荘地帯の一角に定住する彼は、こう口にしている。

「自分の別荘地帯には、売り物件や廃墟の物件も含めて70軒ほどの別荘が建っているけど、コロナが蔓延してからというもの、売り物件の見学の出入りがやたらと多くなった。特に40歳前後ぐらいの若い世代が目立ち、住み始めた人も何人かいるよ。

感染力の強い変異株の登場も影響しているのか、今年（２０２１年）に入ってからは県外ナンバーの車だけじゃなく、地元ナンバーの車に乗った人も、よく見学にくるようになったね。おそらく地元の街中に住む人までが、もっと静かなところがいいと、山暮らしを検討し始めたんじゃないかな。

ただ、移住してくるのはいいけど、彼らの多くは自分と会ってもロクに挨拶を返さない（笑）。極端な人嫌いもいてね。何でも定年退職と同時に奥さんと離婚して、ここに移り住んだらしいけど、『人と関わりたくない』『自治会の回覧板も回さなくていい』と言うんだ。『頼むから放っておいてくれ』って。その男性は別荘地帯の一番上のひっそりしたところに住んでいて、いまだに誰かと交流している形跡はないね」

座右の書は『方丈記』

では、「群れること」へのアンチテーゼ、翻《ひるがえ》って言えば「独り在ること」への志向は、いつの世も普遍的な欲求として人びとの心に継承されてきたのか。人類史を繙けば、それもまた、事実であることがわかる。

たとえば、ブッダが誕生する前の古代インドのヒンズー教社会では、男子に適用される理想的な人生区分において、「住期（アーシュラマ）」が唱えられていた。住期には以下の４つの段階がある。

①「学生期」（師に絶対的に服従し、ひたすら学ぶ時期）
②「家住期」（親が選んだ相手と結婚し、子供をもうけるなど家庭内の祭式を重んじる時期）
③「林住期」（すべての義務、価値観から離れ、一人森に隠棲する時期）
④「遊行期」（一切の執着を捨て、修行者として行脚、教えを説く時期）

この「四住期」において、仏陀（ゴータマ・シッダールタ）は「家住期」の初期に妻と子を投げ捨て、「林住期」「遊行期」の旅へと一気に移行した。イエス・キリストはヨルダン川で洗礼を受けた後、40日間に及ぶ荒野での単独修行を経て、使徒を導き始めた。

紀元前の中国においては、森に隠棲した老子が「無為」を通しての叡智を得て、しかる後それを弟子に広めた。そして、近年ではアメリカの思索家ヘンリー・ディヴィッド・ソローが、「世界を見失ってはじめて、われわれは自己を発見し始める」と、マサチューセッツ州にあるウォールデン湖畔で2年強の隠遁生活を送っている。

「自分にとってどんな在り方が幸せなのか」

と、前出の塚本實さんは言った。

「羨ましいほどのビッグスターであっても、苦悩に苛《さいな》まれたり、ときに自分の命を絶ったりするのです。どんな境地に自分を置いとけば、本当に幸せなのか。誰しもその境界線を見出すのは難しいでしょうが、独りでいることのなかに、その答えが見つかるのかもしれない。私にはそんな気がします」

多くの人が心に抱く自然回帰と孤独への憧憬《しょうけい》。塚本さんもまた、それは何も近年に始まったわけではなく、遠い昔から人びとが胸に抱く普遍的な欲求だったのではないかという。そして、日本において、それを世に提示した先駆け的な存在が鎌倉時代の隠者・鴨長明であり、〈ゆく河の流れは絶えずして〉から始まる長明による『方丈記』が、田舎暮らしの詳細を描いた日本最古の書物ではないか、と付け加える。

鴨長明は由緒正しい神社の正禰宜《ねぎ》の次男として生まれた。しかし、父親の死もあって、神職の務めを果たすことができず、早々と出世コースから外れてしまう。

和歌に優れ、47歳のとき新古今和歌集の編纂《へんさん》に加わった。その才能と精勤ぶりに感心した後鳥羽《ごとば》上皇が、ある神社の禰宜職に長明を推薦したが、思わぬ横やりが入り、ここでも長明は禰宜職に就くことができなかった。

人生の晩年を迎え、世の儚さを痛感した長明は、出家遁世し、まずは平安京から遠く離れた大原に隠棲した。54歳のときにはその大原から遠く南に下った日野山に五畳程度の小さな庵を結び、そこを終《つい》の棲家《すみか》とした。ここが『方丈記』の舞台となった庵である。

『方丈記』を座右の書とする塚本さんが解説する。

「長明は人生の最後に及んで、人里離れた何もない田舎で自給自足の生活を始めたのです。当時の人びとでも、こんな淋しい生活は耐えられなかったでしょう。しかし、長明は昼も夜も楽しいというようなことを『方丈記』に書いている。狭い庵で一人琵琶を奏で、阿弥陀仏の掛け軸の前でひたすら念仏を唱える。本当に淋しくはないのだろうかと勘繰りたくなりますが、それでも長明はこの静かな生活に心から満足した。

京都暮らしではたしかに挫折し、負け犬としての人生を歩んできたのかもしれません。でも、長明は世俗のなかに幸せがないことを見抜き、孤独のなかにこそ本当の安らぎが隠されていることを悟ったのでしょう。孤独な生活が楽しいと言い切る長明の想いに、私はいまに繋がる田舎暮らしの原点があるような気がします」

＊

この塚本さんの仲介で、東京から大分県日田市の山奥に移住してきた独身男性がいる。三谷幸伸さん（仮名）。彼はＩＴ関連会社のプログラマーとして、40年以上にわたるサラリーマン生活を都内で送ってきた。バブル期には仕事仲間と新宿や赤坂のネオン街に出向いては、はしご酒を繰り返し、カラオケのマイクを片手に朝まで飲み明かしたという。

「しかし」

と、三谷さんは言う。

「スナックのトイレで用を足しているときなど、『こういう楽しい時間もいつかは終わるんだろうな』。ふと、そう思うことがよくありました。バブルが弾けた後は、仲間ともあまり飲みに行かなくなりましたが、楽しかった時代に対しての諦めも、どこかにあったような気がします。

いま私はこの静かな山奥で暮らしています。東京での仲間との飲み会は、楽しい思い出として胸に残っていますが、だからといってそれをまた経験してみたいという切迫感はまるでありません。私には元々、冷静なところがあったんです」

サラリーマン時代は東京都郊外のマンションで一人暮らし。同じマンションの住民とは立ち話程度の短い会話を交わしたものの、それ以外の地域住民との交流は一切なく、道ですれ違っても挨拶を交わすことはなかった。三谷さんによると、「知らない人には挨拶をしない」という自分なりの暗黙の〝取り決め〟のようなものがあったのだという。

恋愛は何度か経験したが、所帯を持つまでは至らなかった。結婚を約束しながら、その直前になって三谷さんのほうから婚約を解消したこともある。

「山に登ったり街を歩いたりすると、夫婦仲睦まじくしている光景に出会います。羨ましいとは思いますが、そこでつい考えてしまうんです。人は必ず死ぬ。定年後の熟年離婚は多いし、長年連れ添った妻にもし先に死なれたら、それこそ辛いだけの人生が待っている、と。それなら最後まで独り身のほうが楽でいいかなと、つい思ってしまうんです。それと、私は閉じこもるタイプ。もし結婚していたら、退職後に妻に鬱陶しがられたと思いますよ（笑）」

２０１５年春、60歳のとき、定年延長を固辞して会社を退職した。その後はフリーランスとしてプログラマーの仕事を続けながら、興味のあった山登りや自転車での旅を始めた。

「私には自分を変えたいという欲求が長いことありました。人に認められたり、良く思われるようになるためです。しかし、いくら山に登ってもサイクリングで自然のなかを駆け抜けても、自分の何かが変わる気配はない。実はこの感覚は55歳ぐらいのときからありましたが、そのうちに自分という存在は絶対に変えることができないという確信が生まれました。その時点で、人に良く思われたいという長く抱き続けてきた欲求を、完全に諦めてしまったんです」

ここで、三谷さんは「安心《あんじん》」という仏教用語を口にした。浄土宗では、阿弥陀仏の救いに頼り、極楽往生を願う心。仏教全体で言えば、仏法の功徳《くどく》を受け、迷いのない境地に到達した心の在り方を意味するが、人間の普遍的な欲求として、三谷さんは「安心」に以下のような解釈を加えている。

「人間というのは、究極的に母親のお腹のなかにいたときの安心感を求めているんだと思います。しかし、多くの人がそれを理解できず、ある人はお金儲けで安心を満たそうとし、ある人は権力や異性から安心を得ようとする。暴力に走る人は、強さのなかに安心を求めようとしているのでしょう。私の場合も人から認められたり、良く思われることが自分の安心に繋がると思っていました。でも、探したところが違っていたんですから、心が安心で満たされることもあり得なかったわけです。

土の匂いのするところで暮らしたい。私がそう思うようになったのは、そのことに気がついてからでした。私の祖先は元々、田舎で農業を営んでいたし、そんな生活に惹かれるようになったんです」

＊

三谷さんの出身は福岡県の甘木市（現・朝倉市）である。両親は早くに離婚。姉とともに母親の細腕一つで育てられたが、高校時代に母親が再婚し、義理の父親ができた。

三谷さんが長く胸に抱いてきた「人に認められたい」という欲求。これが、はたしてこの家庭環境に起因していたのか。三谷さんは「最初の頃は義父とも軋轢《あつれき》があったが、高校を卒業して社会人になった頃には『意外と良い人間なんだなあ』と思えるようになったし、家庭環境が原因だとは思えない」と、自己を分析する。

その義父もすでに亡くなり、福岡県の宗像《むなかた》市に住む姉夫婦に引き取られていた母親も数年前に世を去った。三谷さんがその宗像市近郊も含めて、終の棲家としての田舎物件を探し始めたのは、２０１９年に入ってからである。

「山奥の畑付きの中古物件を探しました」

と、三谷さん。

「岩手県の一関に物件を見に行ったときは、理想的な畑もあったし、農機具も揃っていましたが、いかんせん家がボロボロでトイレも汲み取り式。修繕費だけで５００万〜６００万円かかると言われて、さすがに諦めました。その後、宗像市に住む姉の家に遊びに行った際、八女《やめ》市市街地から車で40分ほど山に入ったところにある物件も見学しています。そこは価格も３８０万円と手頃でしたし、薪を焚いて沸かす釜風呂もあった。ただ、すごく辺鄙なところでね。道はクネクネしているし、当時の私は車もなかった。買い物に行こうにも、かなり歩かなければならず、とても住めないなぁと、これも諦めました。そこで、田舎物件専門の不動産会社に電話を入れたんです。『明後日東京に帰るので、明日しか見学できませんが、大丈夫ですか？』と」

翌日、三谷さんは電車を乗り継ぎ、ＪＲ久大《きゅうだい》本線の日田駅に降り立った。そこに現れたのが、鞍手郡で『田舎不動産（株）』を経営する前出の塚本實さんだった。

三谷さんは塚本さんの車に同乗すると、三隈川の悠然とした流れを右手に見ながら日田街道を南東に向かった。三隈川は阿蘇山を源流とする筑後川の上流の呼称で、豊かな水が溢れ出ることから「水郷日田」とも呼ばれている。

やがて、車は日田街道を左に曲がると、筑後川の支流である玖珠《くす》川を左手に見ながら北上した。この一帯は天武天皇時代に湧出したと言われる天ヶ瀬温泉郷としても知られ、玖珠川沿いには共同露天風呂が立ち並び、約20軒の温泉旅館や民宿も湯治客に安楽の場を提供している。

２０２０年７月、梅雨前線の停滞による豪雨で玖珠川が氾濫した。70歳代の女性が流されて行方不明になり、久大本線の鉄橋が流失するなど、この一帯に甚大な被害をもたらした。しかし、玖珠川から少し離れた山腹に点在する天ヶ瀬の別荘地帯は、小規模な崖崩れがあった以外、これといった被害に見舞われていない。

塚本さんがハンドルを握る車は、その別荘地帯に向かって一気に急勾配の坂道を登り始めた。道は徐々に狭くなり、車は小さな渓谷をうねるように徐行した。まもなくすると、傾斜地に建つ別荘が、ポツンポツンと視界に入ってくる。

車が止まり、塚本さんが目の前の急な坂道を見上げて言った。

「物件はこの坂を登ったところにあります」

車を降りて、２人でその坂道を徒歩で登った。登り切ったすぐ左手の南傾斜地に、赤茶けたログハウス風の木造物件があった。

「玄関を入った瞬間、『ああ、いいなあ』と思いました」

三谷さんは言う。

「これまで何軒か見学していましたが、中に入ると、いつも他人の家に来たような居心地の悪さを感じていたんです。よそ者を受け入れないという雰囲気が漂い、そこに住む自分もなかなかイメージできなかった。しかし、この物件からはそんな感じをまったく受けませんでした」

物件は、玄関を入ってすぐ左手に炊事場と源泉かけ流しの岩風呂があった。玄関の正面には10畳程度の居間があり、階下にも６畳程度の部屋が２つ。その南側には緑を一望できる開放的なウッドデッキも用意されていた。

物件価格は５００万円強。永住物件の取得において７００万～８００万円の予算を用意していた三谷さんにとって、この物件に見切りをつける理由は何もなかった。

室内見学を終え、車へと向かう下り坂の途中で

「買います」

そう塚本さんに伝えていた。

「それからが大忙しでした。まず東京郊外の自宅マンションを売らなければなりませんでしたが、これは相場価格よりかなり低く設定したので、売り出してから１週間で売れました。しかも、買い主さんは高校の独身教師。50インチのテレビや冷蔵庫、家具、大テーブルなどすべてもらい受けてくれたので、引っ越しで運ぶ物が少なくて済みました。そのかわり、私は別荘の前所有者が置いたままにしていた家具や冷蔵庫、テーブルなどをそのまま使わせてもらうことになったんです」

*

２０１９年４月上旬、別荘の売買契約が完了した。それから１か月半後の５月中旬、三谷

さんは晴れて田舎暮らしに身を置く。物件の見学から2か月にも満たない電光石火の移住だった。

「この地帯には10軒以上の別荘が建っていますが、定住しているのは私だけです。管理会社がすべてを管理しているので、自治会というのもありません。2週間に1回ほど、宗像市から姉夫婦が遊びに来ますが、他の別荘所有者はたまに遊びにくる程度。誰とも話すことなく一日を終えるのがほとんどです。

それでも淋しいと思ったことは一度もありませんね。好きな本を読んだり、買い物に出かけたり、のんびり温泉に浸かったり……、それだけで満足しています。

ただ、東京時代はロクに近所付き合いもしなかった。その反省もあって、ここではなるべく人との接点は持つよう心がけています。むしろ東京時代より話す相手が多くなったかもしれません」

三谷さんが接点を持つようにしたのは、近隣の定住農家ではない。他の別荘地帯との交流で、そこには別荘所有者の自治会が存在する。彼は知人を介してその自治会グループに入れてもらうと、会議や避難訓練、空き缶拾いなどの行事にも参加するようになった。

広い農地も地元・天瀬町から年間2万円で借り受けた。都内のマンションに住んでいたときは、農地を借りようにも空きがなく、興味のあった農作業も結局は実現できなかったが、ここでは驚くほどすんなり農地を手に入れることができた。

私（筆者）が三谷さんを天瀬の別荘に訪ねたのは、２０１９年の7月中旬。移住からわずか2か月後のことである。三谷さんは「田舎不動産（株）」の塚本實さんから譲り受けた耕運機で、目下《もっか》その農地を耕しているところだという。

その三谷さんに聞いた。

「なぜ海ではなく、山だったのですか？」

「たぶん孤独が好きだからかな」

三谷さんは少し考え込む仕草を見せると、こう続けた。

「一人になりたい、孤独を楽しみたいという人って、だいたい山に憧れるんじゃないですかね。私がもし海に近いところで生まれ育っていたのなら、海の見えるところに住むという選択肢もあったかもしれません。実際、五島列島のような島暮らしも考えないことはなかったですが、海というのは夏休みに遊びに行くところであって、永住するところではないという感覚が、どこか私のなかにあったような気がします。永住するのならやはり山。私のなかでは、それが唯一の選択肢になっていたのでしょうし、人に良く思われたいという欲求に対する諦めが、私をここに連れてきたのかもしれません」

*

「人は何歳になっても生き方を変えることができるんです」

塚本實さんは言った。

「いまから十数年前、日本三大奇勝の一つに数えられる耶《や》馬《ば》渓《けい》（大分県中津市）の古ぼけた平屋の物件を、身寄りのまったくない80歳のお爺さんが購入しました。縁もゆかりもない人里離れた田舎に、ただでさえ孤独な老人がたった一人で住み始めたのです。近隣には人家が少なく、店もない。普通なら淋しく人生の最期を迎えると思われるかもしれません。

しかし、実際は違った。近隣の定住者が代わる代わるそのお爺さんの面倒をみて、お爺さんの孤独が逆に癒されていったんです。そのなかでお爺さんは心穏やかに毎日を過ごし、94歳で亡くなるまで人生に感謝しながら生きることができました。

私はね、ときおり思うんです。孤独にはいろいろ種類があって、自分を解放させるための孤独もあれば、自分を精神的にどんどん追い詰めていく孤独もある、と。どうせなら、前者の孤独に浸りたいものですね」

実は、その塚本さんも曲折した人生行路の末、孤独のなかに自分の「安心」を見出した一人である。

「本当の自分は孤独のなかに見つかる」

塚本さんはその昔、都内のある有名ナイトクラブの支配人を務めた異色の経歴を持つ。その後は、宅地建物取引士と一級建築士の資格を取得し、出身地である福岡県の飯塚市に住宅メーカーの「セントラルハウス（株）」を設立した。１９８９年、46歳のときである。

塚本さんは住宅メーカーの社長として、時代を先取りした辣腕ぶりを発揮した。太陽光とソーラーヒーティング機能を一体化させた発電システムを独自に開発し、２００２年には経済産業省の外郭団体が主催する新エネ大賞を受賞した。

しかし、時代が早すぎた。太陽光発電は当時、まだ一般化されていない。設置に対する自治体からの補助金もなく、一般家庭に普及させるためには金銭的な弊害が立ちはだかっていた。

実績を残せず、徒労ばかりの日々が続いた。塚本さん自身も地元の飯塚市に補助金受給の申請をしたが、結局は認められていない。

「そうこうするうちに、本業である住宅販売と不動産仲介業のほうが中途半端になり、会社の業績が悪化していったんです。いま思うと、私は夢を追いかけすぎていたんですね」

新エネ大賞受賞から3年後の2005年、多額の借金を抱えて「セントラルハウス（株）」はあえなく倒産した。

その後、塚本さんは同県鞍手郡に「(有）九州田舎不動産」を設立し、田舎物件を中心とした不動産仲介業を手堅く始めた。セントラルハウス時代に抱えた借金を返済するために始めたようなものだったという。

仕事は軌道に乗り、数年後には借金を完済した。これを機に塚本さんは会社を畳み、いったんは自宅に引っ込む。太陽光発電普及の夢破れた彼は、そのまま老後を静かに迎えるはずだった。

その塚本さんの奮起を促したのが、彼が溺愛してきた一人息子である。息子は父親に1台の中古車をプレゼントすると、こう言った。

「肩書なんかなくても、おやじにはすごい営業力がある。これに乗ってまた仕事をすればいいよ」

子供がまだ幼い頃、塚本さんは離婚した。以来、男手一つで育ててきた息子も、大工職人として独り立ちし、すでに自分の家庭も持っている。

２０１４年、塚本さんはその息子の一言に背中を押され、同じ鞍手郡に今度は「田舎不動産（株）」を立ち上げた。

「もう一度頑張ってみようと思いました。息子には一人娘がいましたが、息子はその娘を将来、建築士にさせたかったようです。そうなれば、孫が住宅を設計し、それを息子が建て、私が買い手を探すことができる。親子三代が協力して一つの仕事を成し遂げることができるんです。周りの人も羨ましがるでしょうし、私はその日が来るのが楽しみでしかたがなかった。私に大きな目標が、またできたのです。もちろん、張り切って働きましたよ」

しかし、その矢先、塚本さんは一転、奈落の底に突き落とされる。息子の違法薬物使用による逮捕、起訴。息子は執行猶予付きの実刑判決を受け、その家族も離散した。

「私のなかで何かが大きな音を立てて崩れていきました」

塚本さんが想いを辿る。

「息子がまさか薬物中毒になっていたとは思いもよらなかったし、息子の離婚で孫娘とも会えなくなった。親子三代で一つの仕事をするという夢も粉々に砕け、何もかも失ったような感覚に襲われました。しかも、薬物依存症から立ち直るのは容易ではないとも、知人から聞かされていました。裁判の判決が出たときは、『もし息子が薬物をやめられなかったら、私は親子の縁を切ります！』と大声で裁判長に答えましたが、その頃の私と言えば、まさに絶望のどん底にいました」

苦しみをアルコールで紛らわす生活が始まった。アルコールは塚本さんの心身を蝕《むしば》み、やがてうつ症状にも襲われた。心療内科で処方された抗うつ薬と安定剤に頼りながら何とか仕事をこなしたが、「息子がまた違法薬物に手を出すのではないか」という不安に付き纏われ、症状はますます悪化した。

一方、塚本さんの息子は精神科病院で薬物依存症の応急治療を受けたのち、社会復帰を目指すためのリハビリ施設に入所した。が、３か月ほど経った頃、父親にこう訴えてきた。

「ここの勉強会は何だか宗教団体みたいで抵抗があるんだ。薬物は今後一切やらない。約束する。タバコだけ吸わせてもらえばいいから。だから、退所させてほしいんだ」

塚本さんはその意を汲み、息子を飯塚市の自宅に引き取った。それでも、不安は増幅するばかりで、失意と後悔だけの悶々とした毎日が続いた。

自宅の居間の壁には、浄土真宗系の寺院から送られてきたカレンダーがかかっていた。そこには毛筆でこう記されていた。

〈苦しみのなかから見えてくる光もある〉

塚本さんはその言葉の意味を考え続けた。朧《おぼろ》気《げ》ながら理解できたような気もしたが、アルコールに逃避する日々が終わったわけではなかった。

「農水事務次官だった男性が、家庭内暴力と引きこもりの長男を殺害した事件がありました。家庭外に被害が及ぶことを心配した末の犯行のようでしたが、農水事務次官と言えば、キャリアとして最高の地位です。世間が羨むようなそういう社会的な成功者でさえ、一歩間違えれば、自分や家族を絶望のどん底に突き落としてしまうのです。

私の場合も、元農水事務次官の男性ほどではないものの、どんどん自分を後ろ向きに追い込んでいきました。それでも何とか『息子のために』『孫のために』と自分を奮い立たせようとした。それが逆に自分を悪い意味での孤独へと突き落としてしまったのです。このままでは、本当に自分がダメになってしまう。そう思いました」

＊

鬱屈した日々が1年ほど続いたある日、塚本さんの脳裏にふと、「諦める」という言葉が浮かんだ。それは息子や孫への心配をすべて放り投げて、閉ざし続けてきた自分の心を解放しようという決断にも似た想いだった。

その頃からこんな欲求に駆られるようになった。

「静かなところで独りになりたい」

塚本さんは自ら仲介する物件の数々を、今度は顧客として見て回った。天ヶ瀬温泉郷に点在するある別荘地帯を訪れたとき、何となく心が落ち着くのを感じた。

すり鉢状の広い別荘地帯に響き渡る野鳥の囀り。一帯を囲む緑豊かな杉林が微風に揺れ、澄んだ空気を運んでいた。建物はそれほど多くなく、定住者もいない。この日も人の気配はなかった。

そのすり鉢状の別荘地帯の真ん中辺りに建つ売り出し中の物件。薄い鼠色の外壁に、大きな三角屋根が特徴のその２ＤＫの物件の敷地内には、２本の梅の木と１本の柿の木が並び立ち、その周辺に植樹された桜の木々が、物件そのものに素朴な彩りを加えていた。

塚本さんはこの物件を５００万円強で購入した。２０１５年の春のことである。

「ここにいると、不思議にもストレスを感じないんです」

私を自身の別荘に案内すると、塚本さんは穏やかに言った。

「息子がまた薬物をやらかすんじゃないかという不安も湧くことなく、何も考えない自分に浸ることができる。普段は誰もいないし、休日に２、３家族がやってくる程度。ホント、静かなもんですよ。

夜になると外に出て、アルコールをチビチビやりながら一人で焼き肉などを楽しんでいます。桜の花が咲く時期には非常灯の灯りが桜の木に反射して、夜桜を堪能できます。野生動物もよく出没し、焼き肉を食べているときに２頭のタヌキが近づいてきたこともありましたね。それも、逃げないんです。試しに、焼き肉を残してそのまま就寝したら、翌朝には全部なくなっていました。ただ、野生動物を餌付けしたら、他の別荘の迷惑になるかもしれない。そう思い直して、以来食べ物は片づけるようにしましたが」

会社のある鞍手郡からこの別荘地帯までは、車を利用して約２時間の道のりである。塚本さんは仕事で耶馬渓や天ヶ瀬温泉郷を訪れることが多く、そういうときはこの所有物件に泊まるようにしている。鴨長明の『方丈記』を座右の書としたのも、この別荘を心の安住の地にしてからだという。

「自然が人に生きる知恵とエネルギーを与えてくれる」

そう実感して、『田舎物件はこうして探す』（廣済堂出版）、『３００万円で田舎暮らしが手に入る』（東京図書出版）と、これまで2冊の自著も出版してきた。

「『方丈記』から読み取れるのは、本当の自分は孤独のなかに見つかるというものです。私もそう思います。もちろん、精神的な苦痛が加わることで孤独の意味も違ってきますが、何もかも手放した静かな心の在り方のなかに、本当の幸せが潜んでいるのではないでしょうか。私の場合、自分のために息子を諦めたことで、私自身だけでなく、息子まで救われたのかもしれません。本当の意味で子離れができたとき、すべてが好転したのです」

一人息子の違法薬物使用による逮捕から十余年。その息子も社会復帰を果たした。２０１9年10月には、父子で顧客の自宅の全面改装の打ち合わせにも立ち会った。

「息子の建築に対する知識の豊富さに改めて驚きました。顧客の要望を理解する深い読みというものにも感心した。息子が立派に立ち直ってくれたことを、このとき実感しました」

塚本さんはいまも、仕事の合間を縫っては、別荘でのささやかな日々のなかの「独り在る」時間を大切にしているという。

*

叩きつけるような真夏の豪雨が、忙しなく動くワイパーの先の光景に、白い幕を降ろしていた。

距離を隔てて幹線道路と並行して走るこの公道は、東に緑豊かな小高い山が連なり、道端には住居や小さな商店、飲食店などが、歯の抜けたように点々と立ち並んでいる。その素朴な街並み全体が、私の目には陽炎《かげろう》のように霞《かす》んで見えた。

やがてハンドルを握る私の視界に、緑色の看板がうっすらと入ってきた。そこで車を右折させ、うねるような細い山道をゆっくりと登った。

畑のなかに住居が点在していた。それがしだいに少なくなり、渓流沿いに建つ家もまばらになっていった。豪雨による濁流の咆哮を聞きながら、草木が鬱蒼と茂る狭い山道をさらに奥へと登った。

別荘のような建物がいくつか目に入ってきた。それもやりすごして、車を登らせると、頂上に近いところに、ひっそりと佇む山小屋風の小さな一軒家が見えてきた。本章の冒頭に登場した小山美保子さんが、「一人でいられる静かな空間が欲しい」と構えた終の棲家である。

「私、髪の毛が真っ白でしょう」

小山さんの笑顔が輝いていた。

「以前は黒髪だったのに、娘を亡くして一気に真っ白になっちゃったんです」

歳月の流れが、彼女に生き生きとした笑みを取り戻させたのか。自然との共生が彼女の心に活力を与えたのか。それとも「独り在る」空間を持つことが、心の癒しを促したのか。いずれにしても、私が初めてその弾けるような明るさに接したとき、真っ先に想いを馳せたのが、人間の内奥《ないおう》に脈々として息づく、どんな苦しみをも凌駕する力の源泉のようなものだった。

「娘は自死でした」

小山さんは打ち明ける。

「それ以前にも自死を図ったことがあり、うつの診断を下されていたんです。娘は介護職の仕事に就いていましたが、しばらく休職したのち、また仕事に復帰しました。それでも、『一人になると、理由もなく涙がこぼれるの』とよく言っていました。仕事を終えると、そのまま帰宅せず、近くの高台に車を走らせたそうです。夜、その高台から街の灯りを見ていると、気持ちが落ち着くとも言ってました。

娘は誰よりも責任感が強い子でした。私の育て方が影響していたのかもしれません。女性は自立しなければならないと、幼い頃から厳しく育ててしまいましたから。私の教育が娘を追い詰めてしまったのではないか。なぜ娘の精神状態に早くから気づいてあげられなかったのか。そういう想いばかりに囚われ、私もずいぶん自分を責め続けてきました」

しかし、母娘関係は良好だったという。小山さんは若い頃からボランティア活動をライフワークとしてきた。野宿者や被災地の支援活動に積極的に参加するだけでなく、飢餓と貧困に苦しむインドにも足を延ばし、当地でマザー・テレサにも会ってきた。インドまで赴いたのも、同じようにボランティア活動に興味のあった娘と２人で、いつか当地でのボランティア活動に従事したいという想いがあったからだという。

娘とはよく旅行に行った。２００４年の夏には、２人で沖縄県の竹富島にも渡った。帰京すると、別々に暮らす娘からこんな手紙も送られてきた。

〈沖縄旅行、すごく楽しかったです。お母さん、また沖縄に遊びに行きましょう〉

娘が31歳の若い命を自ら絶ったのは、そのわずか１か月後のことだった。

*

「地獄のような毎日でした」

小山さんが辛い過去を辿る。

「私は一応クリスチャンでしたが、神も仏もないと、聖書まで捨ててしまったほどです。娘の死の報を聞いた家にもいたくなかった。どこか遠いところに逃げ出したくてしかたがありませんでした。

でも、当時の私は家庭福祉員として在宅保育の仕事を持っていた。働くお母さんのために、そのお子さんの面倒を在宅でみる仕事です。その仕事があと5か月残っていたんです。

仕事中は笑顔を絶やさないようにしていました。お母さんたちには娘が亡くなったことは言いませんでしたし、夕方、お迎えにきたときも、『おかえりなさい』と、普段通り笑顔で迎えました。そして、仕事が終わって一人になると、電気もつけず、ソファに座ったまま放心状態に沈む。ご飯も食べませんでした。苦しみが襲いかかり、息もできない。心臓がドキドキして、それが部屋中に響いたほどです。

近所に住む姪っ子が心配して、ご飯を届けたりもしてくれましたが、当時の私には食べる気力もありませんでした。この時期私が仕事に熱中したのも、おそらく辛い記憶を一時的にせよ消し去りたかったからなのかもしれません」

小山さんは娘が二十歳《はたち》になるのを待って離婚した。夫婦仲は昔から悪かったが、「子供たちが成人するまでは」と、離婚を見送っていたという。

以来、元夫とは連絡の一切を遮断した。どこで何をしているのかも知ろうとせず、娘の死さえも伝えることはなかった。ところが、娘を失って3か月ほど経ったある夜、その元夫と亡き娘が小山さんの夢枕に立った。

「娘と元主人が満員電車の同じ車両に乗っていました。娘は不安そうでしたが、元主人が娘を見つけて、『お父さんはここにいるよ』と声をかけたんです。娘は安心したように、父親の傍に行きました」

その夢を見た翌日、元夫が亡くなったという報が届いた。

〈元主人が娘を助けてくれたんだ〉

そう思った。元夫に対する積年の恨みが、みるみるうちに雲散霧消していくのを感じた。

「元主人も娘を可愛がっていました。その彼が娘を迎えに来てくれた。娘も喜んでいる。そう思ったら、むしろ元主人への感謝の気持ちさえ湧き出てきました。娘を亡くしてから地獄の毎日を送ってきた私にとって、初めてホッとできた瞬間でした」

それでも、娘の死の報を聞いたこの家から逃れたい。友人や知人に娘の死を知られることなく、この地を離れたいという想いは、最後まで消えることはなかったという。

２００５年の春。仕事を全うした小山さんは、家財のほとんどをなげうつと、逃げるように住み慣れた街を離れた。

それが、本章の冒頭へと続く田舎暮らしの始まりだった。

＊

いま小山さんがひっそりと暮らす山小屋は、居間とキッチンがそれぞれ６畳程度の１ＬＤＫで、浴槽やトイレの他、中２階に３畳程度の寝室があるだけの質素な作りになっている。東に設けた小さなウッドデッキからは、草木が鬱蒼と茂る山の頂を望むことができ、山小屋の周りには杉やモミの木が立ち並んでいる。

朝はウグイスやカッコウなどの野鳥の澄んだ啼き声が響き渡り、夜は森の奥から聞こえるフクロウの啼き声が、沈黙と静寂に深みを加える。早朝や深夜にシカの親子が現れることもあり、よく顔を出す野ウサギに小山さんは「ピョンちゃん」という名前までつけた。

バス通りに出るためには、２キロほど山を降りなければならない。街中に所用があるときなど、小山さんは電動自転車に跨《またが》って、山を登り降りする。不便さは特に感じたことがないという。

長男夫婦からは都内での同居生活を求められてきた。しかし、小山さんは「ボランティア活動をしながら、自然のなかで暮らすのが私の性に一番合っているから」と、その申し出をやんわりと断ってきたという。

「２０１１年3月の東日本大震災のときは、ボランティアで被災地に行きましたし、いまはこのエリアの森を保護する活動や遺跡発掘などのボランティアをやっています。いまだ喪失感を抱える自分が、なぜボランティア活動に一生懸命になっているのか。それを考えるとき、やはり辛さを忘れたいという気持ちが、いまでもどこか自分のなかにあるからでしょうね。

でも、自然のなかでの活動が、目に見えない力を私に与えてくれているのもわかるんです。自然ほど優しいものはありません。素の自分をいつも受け入れてくれるし、それが生きる力に繋がっていることが、いまではよくわかります。そして、外でボランティア仲間と活動した後は、この静かな山の自宅に帰って、今度は余計な気を一切遣わず、独りでいることを楽しむ。孤独と言うと、とかくネガティブな意味でとられますけど、本当は淋しいことなんかじゃないんですね。孤独には人の心を癒す力があるし、自分の生き方をしっかり見据えさせるパワーが潜んでいる。そうした孤独とともに生きるのが、いまの私にはとても大切なことなんです。人間にとって本当の幸せとは、自分を飾ることなく、ありのままの姿で生きること。最近特にそう思えるようになってきました」

都会で暮らしていたかつての小山さんは、しかし、それとは反対の生き方をしてきた。

「女性はこうあるべき」「人に負けてはいけない」「人は自分の言動に責任を持つべき」……自分の価値判断に囚われ、対立する価値観の持ち主には「失格」の烙印を押すこともあったという。

「昔の私は謙虚じゃなかった」

小山さんは白い歯を見せた。

「自分本位の生き方しかできず、人の立場に立って考えることもできませんでした。あまりにも様々な人間関係に染まって、それに影響された挙げ句、本来の自分の生き方が見えなくなっていたのかもしれません。そういう意味で、私、昔の自分は嫌いです（笑）。

いまは『人はこうあるべき』なんて、ちっとも思わなくなりました。背伸びすることなく、自分の寸法に合った生き方で、自分にできることだけをすればいい。別に小さなことだっていい。自分にできることを達成することが大切だと思うし、そういう気持ちがなければ、何を求めても満足はしないし、意味がないと思うんです。

私にしても哀しみや苦しみに沈みながらも、自分のできるボランティア活動を通してささやかな達成感を味わってきました。その過程で周りの人たちの温かさにも触れることができたし、いまでは感謝の気持ちしかありません。自分が辛い経験をしたことで、弱い立場にいる人たちを尊重できるようになった気もします。

そして、私、こう思うんですよ。娘が自分の命と代えて、母親にこうした大切なことを教えてくれたんだって。娘のおかげで、私は本当の自分というものを取り戻すことができたんです」

＊

それにしても、この小山さんとの出会いは、単なる偶然だったのか。

知人から「山の奥に一人で暮らす高齢の女性がいる」と聞かされ、実際に会ってみると、ともに最愛のわが子を失った身。それが引き金となって、山奥に逃げ込んできたことも同じだった。しかも、亡くなった小山さんの娘が暮らしていたのは、その当時の私の自宅の近く。道ですれ違ったことも、何度かあったかもしれない。

偶然とは思えないことは、まだある。

彼女がうつ症状で苦しんでいた頃、仕事帰りに訪れたという近くの高台の街。そこから眼下に臨む街の灯が、彼女の心をわずかに癒してくれた。実は私もまた、この高台の街が好きで、よく夜のジョギングで訪れては、眼下の街の灯に心癒された一人だった。

２０１８年の秋、その約１年前に同居していた母が他界したこともあり、私たち夫婦は持ち家を売り払うと、その高台の街に建つマンションの一角に移り住んだ。最愛の息子を失い、母も亡くなった喪失感のなか、その街で暮らすことが私たちにとってささやかな慰めになるのではないか。そう思ったからである。

　取材の最後に、私は以上のことを小山さんに伝えた。小山さんが輝くような笑顔を、また私に向けた。

「きっと娘が織田さんをここに連れてきてくれたんでしょうね。私はなんだか、そんな気がしてしかたがないんですよ。だって、偶然にしては話ができすぎているじゃないですか」

＊

　それから数日後、小山さんから私の許に一枚のハガキが届いた。私は小山さんに２０１８年の11月に出版した自著『死が贈りものになるとき　亡きわが子から届けられた「生きる意味」の言霊』（中央公論新社刊）を贈っていた。

　最愛のわが子を失った人たちへの取材を通して、彼らがいかにその死を受け止め、喪失の悲嘆を生きる意味の〝気づき〟へと昇華させていったのか。私の体験も含めて、愛する者の死でさえ、遺された人たちへの贈り物になりうることを描いた自伝的ノンフィクションである。

ハガキはその読後に対する感想を兼ねたもので、〈先日は遠くまで足をお運びいただきまして、ありがとうございました〉から始まる文面には、小山さんのこんな心情が記されていた。

〈(略)織田さんは息子さんを亡くされて2年後に本をお出しになりましたが、娘を亡くして2年後と言えば、私はまだ気がおかしい状態でした。自分の体を痛めることに集中させるため、山々を奥へ奥へと歩きまわっていました。形は異なりますが、織田さんも苦しさ悲しさからの逃避エネルギーが執筆行動に転化したのでしょうか。

今になって思えば、喪失感というエネルギーのとてつもない大きさに驚いています。自分の家財を捨て、身ひとつで見知らぬ土地へ逃れてくることなど、今の私には出来ません。それだけ今は心境が穏やかになっているということなのですネ。

著書を読ませて頂きました。当時のことが蘇るのが怖くてなかなか開くことができずにいました。登場してくる方々皆様の気持ちの痛みがひしひしと伝わってきて……。

娘を大切に思うこと、それは今を大切に生きることでしか表現できません。

私は今の自分が一番大好きです。娘が私を人間らしくしてくれました。織田さん、どうもありがとう〉

3章 自分の庵での生活

時間が消え去ったような感覚

２０１７年3月下旬、私が「悠庵」と名づけた山荘を購入してからというもの、私の生活は山暮らしを中心に動き始めた。

月のうち4～5日を禅寺での留守番に充て、8～10日を「悠庵」で過ごす。月の半分近くを山奥での隠棲に充てるというこの生活パターンは、都会生活で溜め込んだストレスを解き放ち、息子を失った悲嘆も一時的ながら鎮めてくれた。

標高８５０メートルの大自然にある禅寺は、周囲10キロに1軒の民家があるだけの文字通りの秘境の地にある。深夜はシカやイノシシ、サルなどの野生動物が跋扈し、「盗賊さえも恐れをなして近寄れない」幽玄の世界へと姿を変える。

真冬には豪雪が山道を埋め尽くすことも珍しくない。私もスタッドレスタイヤ使用のＦＦ自家用車（前輪駆動車）が山道で立ち往生し、近くの渓流釣り場の主人にＳＯＳを求めたことがあった（冬場は休業だが、たまたま主人が顔を出していた）。

一方、標高４６０メートルにある山荘「悠庵」はと言えば、野生動物が出没する豊かな森に恵まれているものの、５００メートルほど山道を登ったあたりに3軒の民家が点在するなど、少なくとも禅寺のような秘境ではない。日中に界隈の山を散策すると、たいてい２～３人の登山客や近隣住民とすれ違う。冬場の積雪も禅寺の一帯ほどではない。

別荘地帯へ続く山道

しかし、この別荘地帯に限って言えば、ごく稀に登山客やツーリングマニアが紛れ込んでくる以外、私の孤独をいささかもかき乱すことはなかった。別荘地帯が侵入を躊躇《ためら》わせるような荒れ果てた狭い山道を登らなければならない場所にあったことが、干渉の目が届きにくい一番の理由なのだろう。

当地の法務局から得た区画地図を見ると、この一帯には私の山荘も含めて16区画の土地が存在する。そのうち建物があるのは6区画で、放置されたままのそれ以外の区画地は、いまではほとんどが鬱蒼とした草木に埋もれている。しかも、建物のある6区画のうち2軒が完全な廃墟で、１

雪景色の山荘

軒は売り出し中の中古物件。山荘所有者が訪れるのは私以外に2軒のみだが、そのなかの一人はほとんど山荘を利用することがなく、私が最初に挨拶したときも、模糊《もこ》とした言葉を返したまま、逃げるように背を向けた「変わり者」だった。以来、彼の姿は2～3度しか見かけていない。

　私の山荘の左隣には、所有地のまま放置されている土地がある。松やナラの大木の枝葉が陽光を遮断し、土地自体も不自然な勾配を辿る価値の薄いものだが、この土地の存在は私にとって好都合だった。

　私の山荘はこの別荘地帯でも特に見晴らしのいい高台にある。山荘に入るためには、敷地内の傾斜地に覆いかぶさる草木をかき分けながら急な石階段を登らなければならないが、その隣接地を横断すると（本来はご法度である）、駐車場からスムーズに荷物を運び入れることができる。

　すでに記したように、山荘「悠庵」は木造平屋で、6畳二間と同程度の広さの台所がある簡素な作りをしている。北側の日本間には使い物にならない古いエアコンが設置されていたが、元々稼働させるつもりはなかった。

　真夏はたしかに暑い。しかし、都会のように不快な暑さではない。日に何度か水風呂に体を沈めるだけで、真夏日を快適に過ごすことができる。

　春先から秋にかけての朝は、カッコウやウグイスの乾いた囀りが、緩やかな目覚めへと私を揺り動かしてくれる。窓のカーテンを開けると、すぐ目の前に山桜の巨木が聳え立ち、そのはるか向こうにはシルクハットのような名山の稜線が鮮やかに見える。

雲海の眺め

　晩春には近くの清流を蛍が飛び交い、水田でも蛙の大合唱が始まる。本格的な夏が到来すると、今度は森のなかのヒグラシが一斉に鳴き出し、一帯をうっとりするような世界に染めてくれる。そして、雨上がりの朝、眼下に広がる息を呑むような雲海……。

　街灯のない森閑とした夜の山荘も、私を安穏とした気分にさせた。「悠庵」の西側には広いベランダがあるが、２０１９年の11月、私は地元の建築業者に頼んで、そのベランダ側の傾斜地に3メートル弱四方のウッドデッキを作ってもらった。

以来、私は夜の訪れを待つと、部屋の電気をすべて消し、小さなランプの炎だけを頼りに、そのウッドデッキでアルコールのグラスを傾けるようになった。森の奥から届くフクロウの寂しげな啼き声や、涼しげな虫たちのハーモニー。それらが夜の緘黙に溶け込んでいくにつれて、漆黒に沈む森の姿も幻想的な陰影を濃くしていく。

＊

そんなとき私はふと、時間が消え去ったような感覚に囚われることがある。

「時間」に関しては、これまで多くの研究者が、その非実在性を証明しようと奮闘してきた。古くは、イギリスの哲学者ジョン・マクタガートが「過去・現在・未来」が孕《はら》む矛盾性を論理的に指摘することによって時間の非実在性を訴え、近年においてもイギリスの物理学者ジュリアン・バーバーやイタリアの量子理論学者カルロ・ロヴェッリなどが、アインシュタインの相対性理論と量子力学との統合を図ることで、物理的な時間は存在しないことを証明しようとしている。

時間の非実在性は、１８００年前のインドに生きたナーガールジュナ（龍樹）の「空」の

約3メートル四方のウッドデッキを新築

理論に見るように、宗教的な覚者《かくしゃ》の多くがすでに指摘してきたことである。もし彼らの洞察が正しければ、時間という制約に追いまくられ、その時間枠での義務感に縛られる私たち現代人は、実際には存在しない過去や未来に翻弄されるだけの、なんと虚しい生き方をしているのだろうか。

　息子を失ってからというもの、私はそのことを考えるようになっていた。

　森の生活を何よりも愛した思索家のヘンリー・ソロー。山の庵で夜の緘黙に身を任せているとき、私は１７０年以上も前に残した彼のこんな言葉を思い出すことがある。

〈なぜ僕たちは、こうまで必死になって成功を急ぐのか。なぜ必死になって事業で成功しようとするのか。どんなにゆっくりとリズムを刻もうと、どんなに遠くで鳴っていようと、自分に聞こえている音楽に合わせて歩めばいい。リンゴやオークの木みたいに、早く一人前になることが重要なのではない。まだ春なのに、急いで夏にしなくていい〉

倒木の危険

そうは言っても、山暮らしで待っているのは、何も快適なことばかりではない。私のように山暮らしに必要な知識が皆無に等しい者は、ときに思わぬアクシデントに立ちすくむこともある。

たとえば――。

前記した山荘の左に隣接する放置されたままの所有地。その荒れ果てた土地の山荘寄りの傾斜地に直径30センチ、高さ8メートルほどの松の木が立っていた。

2018年の夏、たまたま別荘地帯を訪れた近隣の定住者が、その松の木が腐っているのを私に指摘した。よく見れば、松の木全体に白いキノコが群生し、たしかに木そのものが生気を失ったように乾いている。

「おそらく」

と、その定住者は言った。

「今年いっぱいは大丈夫だろうけど、来年の春頃には倒れるかもしれないなあ」

白いキノコが群生した松の木

倒木したらどうなるのか。松の木の傾き具合からいって、電柱から山荘に伸びる電線の上に落下し、そのまま山荘の屋根を直撃するのは避けられないだろう。

それでなくても、悠庵の一帯はときおり森が狂ったように咆哮し、竜巻のような暴風が吹き荒れる。いつ何時、その暴風が腐った松の木をなぎ倒さないとも限らなかった。

「なるべく早く伐採したほうがいいね」

近隣定住者はそう言い残して去って行ったが、伐採といっても大木を切り倒したことのない私に為す術はない。

２０１９年の３月までには何とかしよう。そう思いつつも、私が役場に電話を入れて事情を説明したのは、リミットが過ぎた同年５月のことだった。Nさんという担当者がすぐに様子を見にきてくれたが、何でもまず土地の所有者に事情を説明した上で、所有者の責任として伐採してもらうのが優先されるべき手順だという。

「今年は倒れないと思うけどなあ……」

Ｎさんは松の木の前で独りごちると、私を振り返った。

「もし木が倒れて、この山荘を損壊させたら、民事裁判で土地の所有者に損害賠償請求もできますよ」

もちろん、私としては山荘が損壊するまで待つ気はない。一本の松の木ごときで裁判を起こし、事態を大袈裟にするつもりもなかった。

「その前になんとかなりませんかねぇ？」

私はこう聞くしかなかった。

結局、Ｎさんが土地所有者に連絡を入れてくれることになり、腐った松の木の一件も、近いうちに落着するはずだった。

だが、数日後、Ｎさんから入った連絡が、私の思惑を反故《ほご》にする。

「所有者の登記簿上の住所に伐採に関する書面を送ったんですが、宛先不明で戻ってきちゃったんですよ」

「それじゃ、業者に伐採してもらうしかないですかね？　所有者に無断で切るんだから、もちろん自己責任ということにします。木を切ってくれる業者っていますか？」

「私の知り合いに伐採を趣味に持つ者がいますよ。役場として紹介することはできませんが、あくまでも個人的な付き合いという形でなら紹介できます」

そう口にした後、「ただし」と、Nさんは釘を刺した。

「この時期は伐採しないほうがいいんじゃないかなあ。伐採するときに山荘の屋根に枝葉がたくさん落ちて、屋根が傷んでしまう。だから、葉が枯れ落ちる秋口から冬にかけて伐採したほうがいいですよ。まあ、今年倒れることはないでしょう。たぶん……ですが（笑）」

＊

それからしばらく経って、電力会社の地元下請け業者が、この隣接地に生い茂る枝葉の伐採にやってきた。聞けば、電線にかかっている枝葉を、所有者の許可をとって伐採しているという。このとき知らされたのは、所有者が女性ということだけだったが、とにもかくにも「所有者の許可」という言葉に、私はすかさず反応した。

名も知らない女性の所有者宛に、松の木を伐採してほしい旨の手紙を大急ぎで書き、それを下請け業者に託した。

しかし、数日後、私の携帯電話に入った電力会社の説明は、いささか首を傾げるものだった。

「隣の土地の所有者を特定できませんでした」

担当者は言った。

「所有者の許可をとらなければ、松の木を切ることができません」

「だって、先日は許可をとって伐採に来たんでしょ?」

「その別荘地帯には女性の所有者が２人いて、お宅の隣接地の所有者がどちらの女性か特定できないんです」

「特定できますよ」

私は間髪を容れずに答えた。

私の山荘から南に50メートルほど先の傾斜地に、廃墟と化した白い外壁の大きな別荘が建っている。そこは使用されている形跡がなく、玄関の窓枠に電力会社からの電気使用量の「お知らせ」の紙が大量に差し込まれている。一度手に取ってみたことがあるが、すべて基本料金だけの請求で、宛名も女性名になっていた。

ということは、その女性が別荘所有者であることはほぼ間違いなく、残るもう一人の名の知らない女性が、私の山荘に隣接する土地の所有者ということになる。

そのことを担当者に伝えると、またもや訳のわからない答えが返ってきた。

「所有者が誰なのか、はっきり確認できないと、何もできないんですよ」

「だって、もう一軒の別荘所有者の女性名はわかってるんですよ」

「お宅の隣の所有者を特定できなければ無理です」

「その所有者の名前と住所を教えてくれませんか？」

「特定できないのでお教えできません」

「松の木が倒れそうなんですよ！」

私は少しムキになった。

「このままじゃ、電線の上だけじゃなく、建物にも直撃します。松の木、電力会社で切ってもらえませんか？」

「所有者を特定できないし、無断でそれはできません」

「じゃ、どうしたらいいんですか!?」

「木が倒れたときは、こちらで処理します」

「倒れてからじゃ遅いんですよ！」

結局、話し合いは平行線を辿ったままウヤムヤで終わった。釈然としない想いで、ぼんやり考えた。

民間企業である電力会社と公務を遂行する役場。「お役所的」な対応に終始したのはむしろ民間企業のほうで、役場のNさんのほうがずっと融通性や機微に富んでいるではないか、と。

＊

そのNさんの紹介で、伐採を趣味に持つYさんが隣地の松の木の伐採にやってきたのは、２０１９年の暮れも押し詰まった12月下旬のある朝のことである。

Yさんはすでに定年退職した身だが、体の引き締まったいかにもスポーツマンタイプの人物だった。聞けば、モトクロスを趣味に持ち、かつてはトライアル選手として全日本選手権にもたびたび出場したという。

Yさんは隣地に足を踏み入れると、腐った松の木とその周りの木々の位置関係を調べた。一本の大木を切り倒すためには、倒木させたい方向にある木々やその枝を「間引き」しなければならない。

このまま無防備に倒木させた場合、どんな事態が待ち受けているのか。それを想定しつつも、その事態をいかに回避するかをシミュレートしていたのだろう。

Yさんがこれまで伐採してきた木は２００本ほど。刃渡り50センチのチェンソーで、直径80センチの大木を切り倒したこともあったという。その経験則が彼の冷静な言動に表れていたのかもしれない。

Yさんは山荘とは反対の南側にある2本のナラの木を、まずチェンソーで真ん中あたりから伐採した。それから松の木の南対角線上10メートルほどに立つ太いナラの木の根元近くに滑車を取り付け、それにワイヤーを通した。

さらに、そのワイヤーを腐った松の木の少し上に立つ杉の木まで伸ばし、その根元付近にレンチを取り付けると、標的となる松の木の地上2メートルほどのところに鉄の輪をかけ、そこにもワイヤーを通した。こうして、3本の木を支点とした二等辺三角形状のワイヤーが、不自然な勾配の傾斜地に張り巡らされた。ワイヤーを三角形状にしたのは、安全な場所でレンチを操作するためだという。

Yさんが鉈《なた》を手に持ち、腐った松の木の根元近くに三角形状の切り込みを2か所入れた。一か所は倒木させる方向の側面に入れる「受け口」と呼ばれるもの。もう一か所は倒木方向とは反対の側面に入れる「追い口」と呼ばれるものだという。

「さあ」

Yさんが私に目を向けた。

「じゃ、レンチを動かしてもらいますか。動かすたびにワイヤーが締められていって、松の木が南のほうに引っ張られていきますから」

レンチを前後に動かした。ワイヤーの張りが少しずつ強くなっていくのが掌に伝わってきた。やがて、松の木がメリメリという乾いた音を立て始めた。

私はさらにレンチを前後に動かした。メリメリという音が不気味な響きを滲ませ、松の木がゆったりと南へと傾き始めた。次の瞬間、松の木は枝葉を激しく震わせると、倒れる角度をわずかに変え、南西の傾斜地に怒濤のように落下した。

*

「こいつが犯人ですよ」

Yさんが松の木の切り口に目をやった。

腐ってスカスカになった切り口に、ウジ虫のような白い虫が数匹蠢いている。通称「松くい虫」。マツノマダラカミキリと呼ばれる昆虫の幼虫だった。

だが、マツノマダラカミキリの名誉のために付け加えるならば、松を枯らす直接の犯人は彼らではない。彼らが運ぶマツノザイセンチュウという線虫（細長い糸状の寄生虫）が、真犯人だという説が有力である。

　このマツノザイセンチュウがマツノマダラカミキリの助けを借りて松の木に入り込むと、松自体の水を吸い上げる働きが阻害され、松が枯れていくという。つまり、「松くい虫」と名指しされるマツノマダラカミキリも、正確には幇助《ほうじょ》行為を行った「従犯」という立場にあるのかもしれない。

　その松くい虫をつまみ上げながら、Ｙさんが穏やかに言った。

「子供の頃、よく親父に連れられて、木を切りに行きましてね。木のなかに寄生する幼虫を捕まえては、火で炙って食べたもんです。親父にも、貴重なタンパク源だからたくさん食べろと言われてね」

　作業は１時間足らずで終わっていた。工賃は「５０００円でいい」とＮさんから事前に知らされていたが、私にはレンチやワイヤー、チェンソーなどの工具もなければ、伐採のための知識や技術もない。５０００円では安すぎると、１万円の入った封筒をＹさんに手渡した。

　そこに、Ｎさんがやってきた。伐採の様子を見るために、わざわざ役場を抜け出してきたのだろう。

傾斜地に作ったばかりのウッドデッキに立ち、3人でホットコーヒーを飲んだ。前日は辺り一面に霧が立ちこめ、森そのものが終始、沈とした眠りについていたが、この日は蒼穹《そうきゅう》が開放的で清々しい息吹を運んでいた。

「これはいい眺めだなぁ……」

コーヒーを一口すすって、Nさんがポツンと言った。

「遠くに連峰が見えるし、街も小さく見える。ここは、なかなかいい環境ですよ。静かだし……」

松の倒木と山荘の損壊に怯えて過ごした1年と半年。こうして、私はようやく一つの不安から解放された。

水の問題

松の木の問題は解決したものの、不便な山暮らしにおいては、もちろん不安が尽きることはない。シカやタヌキなどの出現といった微笑ましい不安から、ライフラインの断裂を生む崖崩れなどの深刻な不安に至るまで、山暮らしを快適に過ごすためには、そうした不安も「友」として受け入れなければならないのだろう。

「それでは」

と、改めて考えてみた。初めての山暮らしにおいて、何がいったい私を本当の意味で困惑させたか。

振り返ってみれば、やはりそれは水の問題に尽きるかもしれない。

不動産の仲介業者立ち会いの許、妻とともに物件や水回りに不備がないかを確認したときは、まったく目につかなかったが、トイレの底に溜まる山水の水位が、少し高くなっていることに気がついたのは、山荘を購入してすぐのことである。試しに水洗の水を流すと、水位がみるみるうちに上昇し、便器から溢れそうになった。

さっそく外に出て排水溝を調べた。浄化槽から流れ出る汚水が、排水溝の隙間から溢れ出て、辺りを濡らしていた。排水溝の蓋を開けると、汚水のなかに排水口がうっすらと見え、排水管が土中を通って傾斜地の下のほうに伸びている。その先に排水を地下に浸透させるためのマンホールが埋め込まれていた。

どうやら排水管が汚泥や草木で詰まり、排水の流れを阻害しているようだった（のちに土中の排水管の繋ぎ目から木が生えているのを水道業者が発見した）。近くの竹藪から一本の細い竹をもぎ取ってくると、それを排水口のなかに突っ込んで排水管の汚泥を削ぎ落とそうとした。しかし、排水溝が狭い上、排水管が土中を斜め下に走っているため、いくら頑張っても竹の棒が排水管の奥に入らない。

　悪戦苦闘ばかりが続き、諦めかけたときだった。

「どうかしましたか？」

　背後からの声に振り向くと、同じ別荘地帯の南の外れに山荘を所有する陸恭一さん（仮名）が、灰色の作業着姿で立っていた。私以外にここを訪れる唯一とも言える山荘所有者である。

　私は事情を説明した。陸さんが傾斜地の茂みに埋もれる円形のマンホールに目をやった。

「あのマンホールのなかの排水管になら竹の棒も入るでしょう」

　そのまま陸さんは傾斜地に足を踏み入れると、マンホールのコンクリート蓋の端に両手の指をかけ、それを持ち上げるように少しだけ右にずらした。それから、私を見上げた。

「私も手伝うので、いまやっちゃいましょうか？」

「大丈夫です。自分でやりますから」

私がそう答えたのも、陸さんに余計な手間暇をかけさせたくないという配慮からだけではない。私より8歳ほど年上の陸さんが、コンクリート蓋を難なく持ち上げた。それが私を自信過剰にさせた。

私は腕力がないほうではない。同年齢の男性と比べても、むしろ腕力はあるほうだろう。それなら、私にも持ち上げられないはずはない……。

＊

その翌日、私は午前をのんびり過ごし、昼過ぎから排水管の汚泥の除去作業に取りかかった。マンホールのある傾斜地に足を踏み入れると、陸さんがやったように、丸いコンクリート蓋の端に両手の指先をかけ、それを持ち上げようとした……。ビクともしない。足場が悪く、力を入れにくいのも確かだったが、何度やってもコンクリート蓋は微塵も動くことはなかった。

コンクリート蓋は直径約1メートルの円形、厚さが10センチ以上もあり、おそらく50キロ以上の重さはあるだろう。

「陸さんはこんな重いものをどうやって持ち上げたんだろう?」

私は首を傾げた。

「それとも、見た目とは違う怪力の持ち主なのか？」

のちに陸さんは「私は持ち上げたんじゃないですよ。横にずらしただけです」と口にしているが、このときの私はと言えば、重たいコンクリート蓋を力任せに持ち上げようとするばかりで、「横にずらす」という発想すら浮かんでいない。

しかたがないので、先の尖ったスコップをコンクリート蓋の隙間に差し込み、テコの原理で蓋を動かした。これは何とかうまくいった。さっそく覗き込むように半身をマンホールのなかに入れて、汚泥が詰まった排水管の奥に竹の棒を何度も突き刺した。

やがて、チョロチョロと水が滴り落ちてきた。それは少しずつ勢いを増し、最後には濁流のような水が、汚泥と一緒にマンホールにドッと流れ込んできた。

排水溝に堰き止められていた汚水がすべて流れ出ると、私はひと仕事を終えたような気分になり、タバコを１本くゆらせた。

しかし、一難去ってまた一難とは、まさにこのことだろう。重いコンクリート蓋をずらすことだけに意識が向かい、その肝心のコンクリート蓋をうっかり傾斜地の下のほうにずらしてしまっていたのだ。

今度はお手上げ状態だった。コンクリート蓋をずり上げてマンホールに載せようにも、私一人ではとうてい手に負えない。怪力のプロレスラーでも、無理な話だろう。

すがるような想いで、南の茂みの奥に隠れるようにして建つ陸さんの山荘に目をやった。滞在時には山荘の前に自家用車が駐車されている。しかし、それもなく、陸さんはすでに帰ってしまったようだった。

別荘地帯に唯一の頼りになる人がいなくなって、気軽にＳＯＳを発信できる近隣定住者もいない。私は傾斜地に座り込んだまま、ため息をつくしかなかった。

＊

そこに一台の軽トラックがやってきて、一人の中年男性が降りてきた。他の別荘地帯の一角に定住し、私の山荘敷地内に設置された山水の貯水タンクを管理する下田寛さん（仮名）だった。

この別荘地帯の貯水タンクを、なぜ他の別荘地帯の人間が管理しなければならないのか。その理由は後回しにするとして、下田さんの突然の出現は、私をホッとさせた。というのも、知り合って間もないその短い交流のなかで、山暮らしにおける彼の知識が筋金入りであることを、私はすでに知っていたからである。

「こんな重たいもの、傾斜のほうにずらしちゃダメだよ」

下田さんの目が笑っていた。

「横の平らなところにずらさなきゃ」

それから２人で円形のコンクリート蓋を引き上げようとした。やはりビクともしない。

下田さんはしばし考え、こう口にした。

「引っ張り上げるのが無理なら下に降ろそう」

「えっ？」

意味がわからなかった。

「いったん下に降ろしてから、隣の敷地を通って転がしていくんですよ。一人じゃ無理だけど、２人で転がせば何とかなるはず」

そう言われて、ようやく合点がいった。

２人でコンクリート蓋を傾斜地の下の道にずり降ろした。次にコンクリート蓋を直立させ、それを転がし始めた。道を迂回するように南側の隣接地の入り口まで転がすと、あとは緩やかな上りのスロープ状になっており、その敷地の少し傾斜した切れ目の先にマンホールが埋め込まれていた。

　2人で慎重に転がすこと約20分。何とかコンクリート蓋をマンホールに被せたときは、下田さんも私もヘトヘトになっていた。

　その後、下田さんは貯水タンクの点検を済ませると、

「少し上の渓流にこの山水の取水口があるんだけど、今度、一緒にその掃除でもしましょうか」

　そう言い残し、私の許を去って行った。

山荘のご近所さん

　この下田さんと前出の陸さん。たまにしか顔を合わせないこの2人と接するようになって、私は自分のなかの何かが少しずつ変わっていくのを感じていた。その後、役場のNさんや伐採を趣味とするYさんと出会ったことも、心の変化を促したのかもしれない。

　思えば、他者や俗世との接触を断って独りになりたい。そんな切な想いに駆られて、逃げ込んできた山の奥。しかし、人間は自分以外のあらゆるものとの関係性のなかでのみ、「自

己」の在り方を決めることができる生き物だと言われている。私の場合、その関係性を人間以外の物言わぬ自然のなかだけに求めすぎていたのかもしれない。

夜の山荘「悠庵」では、遠くに陸さんの山荘の灯りがかすかに見えるだけで、いつしかホッとするものを感じるようになった。他の別荘地帯の一角に定住する下田さんの存在も、どこかで私を安堵させてくれた。そして、ここから40キロほど東に離れた深山には、禅寺の住職と犬たちもいる。

相手の領域に土足で踏み込むことなく、一定の距離を保ちながらお互いの自由を尊重し、ときに協力し合う（私の場合、助けられてばかりだが）。山の暮らしが、現代社会において失われつつある人間本来の関係性を、私に再認識させてくれたのかもしれない。

前出の思索家ヘンリー・ソローは、はるか昔にこうも言い残している。

〈僕たちは群れて暮らし、たがいに邪魔をしあい、つまずきあっている。こうして人は、たがいに尊敬の念を失くしていくのではないだろうか。そんなに頻繁に会わなくても、大切な、心のこもったつきあいはじゅうぶんに続けられるはずだ〉

*

私とともにこの別荘地帯を利用する陸恭一さん。東京生まれの彼の山暮らしの原点は、茨城県の北部山中にある父親の故郷、久慈《くじ》郡大子町《だいごまち》の風景にあるという。

大子町は日本三名瀑に数えられる「袋田の滝」でも知られ、陸さんは幼い頃から両親に連れられて、よくこの地を訪れた。

「すごい秘境でした」

陸さんは振り返る。

「鬱蒼とした森に囲まれて、隣家と言っても数キロ先にあるほどの山の奥です。私が高校生になるまでは電気もない。夜になると私たちはランプに頼るしかありませんでしたが、ここで暮らす祖父母たちにとっては、そもそもランプなんて必要ありませんでした。朝は4時頃に起床し、それから畑での仕事を終え、暗くなったら寝るという生活をしていたからです。

トイレも外にありました。夜は懐中電灯を手に用を足しにいきましたが、ときどき森の奥からピカッと光るものがある。何かと思ったら、イノシシの目だったんですね。イノシシ以外に、シカやハクビシン、タヌキなども棲息していたし、私にはこうした自然環境がとても新鮮に思えました」

しかし、大学を卒業し、社会人になると、この秘境の地を訪れる頻度も減っていく。19

９０年には父親も亡くなった。以来、父親の実家とも疎遠になってしまったが、子供の頃に触れた大自然の心地よい感覚だけは、齢を重ねても消えることがなかったという。

「テレビでよく田舎暮らしの番組を観ました。最初は『いいなあ』と憧れの想いで観ていましたが、そのうち都会から田舎に移住して蕎麦屋やピザ屋を始める人までも紹介されるようになった。『そういうのとは違うんだよなあ』と思いましたね。私が求めていたのは、田舎に永住することではない。豊かな自然に独り静かに触れる時間を持つことだったんです。雑踏の都会生活で疲れたら自然のなかでゆったり過ごし、リフレッシュできたらまた都会に戻る。私はそんな生活に憧れていました」

１９９９年の夏、陸さんは関東地方のとある山中で別荘用の土地３区画が売り出されているのを新聞の折り込み広告で知った。さっそく夫人を伴って現地に車を走らせると、そこは深い森に囲まれた静かな別荘地帯だった。

陸さん夫妻はたちまちその環境に魅了され、南側の一番奥にある西に開けた山林地１５０坪を99万円で購入した。陸さんが50歳のときである。

「土地を買ってからは、家族でよくここに来ました。ビニールシートを敷いて、景色を眺めながらバーベキューなどを楽しむんです。ところが、自家用車で来ているから好きなビールが飲めない。そこで、地元の工務店に『物置でいいから仮眠できるようなスペースを作ってほしい』とお願いしたんです。傾斜地に土台となる基礎を作り、その上に６畳程度の物置を建ててもらうつもりでしたが、そうこうするうちに今度はお風呂やトイレも必要かなと思い始めた。そんなとき、その工務店が『キャンセルされたユニットバスがあるので譲る』と言ってきたんです。それならばと、トイレも一緒に入れてもらうことにして、それらはそのまま基礎土台の空間にすっぽり収まりました。

そうなると、欲が出てきます。ちょうど物置を作るための７メートルほどの通し柱が、業者が切らずに、そのままになっていました。それなら、それを利用してロフト付きの住まいにしてしまおうと思ったんです」

眺めの良い山林の地を購入してわずか５か月。ビニールシートだけの憩いの場が、いつしか仮眠用の物置になり、それがさらに、建坪11坪程度と狭いながらもロフト付きの山荘へと姿を変えた。

「廃材を使ったので、総額は３５０万円程度で収まりましたし、ようやくホッとできる自分の居場所に辿りつけたという感じでした」

２０００年１月、陸さんの自然との共生が、長い歳月を経て再びここから始まっていた。

＊

他の別荘地帯に住む前出の下田寛さん。独身である彼はかつて、ある大手自動車メーカーの関連会社でオートバイの開発・研究に携わっていた。自らロードレースに出場し、国際A級レースで優勝したこともある。

その下田さんがなぜ、山暮らしへの憧憬を強くしていったのか。

下田さんが生まれたのは、奈良県の吉野郡下北山村である。吉野熊野国立公園内にある大台ヶ原をちょうど西側に下ったところだが、のちにダム湖百選にも選ばれる池原ダムの建設に伴い、2歳になった頃に一家ごと大阪の生野区に引っ越した。

「2歳なので自分にはそこに住んでいた記憶はないんだ。でも、ダム建設に伴って、親戚が集落ごと下流のほうに引っ越したので、よくそこに遊びに行ったよ。それこそすごい山のなかでね。谷底のような大自然が見下ろせるし、春には見事な桜が咲き誇り、日本有数の滝もある。潜在的に山に惹かれていたのは、その記憶が残っていたからだと思うよ。

父親？　大阪ではサラリーマンをやっていたけど、吉野郡では何をやっていたのか？　林業にでも携わっていたんじゃないかな」

意識の底に潜む奥山への憧れがそうさせたのか、生まれ持った気質がそうさせたのか、下田さんは幼い頃から群れることに、ある種の嫌悪感を抱いていたという。独立心が強く、行動はたいがい単独。両親も放任主義で、小学校低学年の頃は10キロ以上も離れた親戚宅にふらりと赴いたり、中学生時代には京都や和歌山県にも自転車の一人旅に出た。高校生になると、今度は大阪からフェリーで九州に渡り、1か月近くにわたって九州全域を自転車で走り回ってもいる。

下田さんにとってこうした単独行動の先にあったのが、誰にも邪魔されることのない山暮らしへの淡い憧れだったという。そして、その下田さんの想いを押したのが、1973年に作家・五島勉が著した『ノストラダムスの大予言』だった。

「人類の歴史は地球の歴史に比べたら、ほんの一瞬だと思う。その間、地球ではどれほど多くの気象変化が起きているか。人類誕生以前にも氷河期があったけど、それ以外の気象変化の多くを、われわれ人間は知らないだけなんです。仮に、海に直径1キロの隕石が落ちたら、世界中が津波で覆われ、都会など一たまりもなく消滅してしまう。1999年7の月に人類が滅亡するとされたノストラダムスの予言は外れたけど、このまま環境破壊が進んでいったら、人類はいつか大変な目に遭うことは間違いないと感じたんだよ。

もし大地震に襲われたら、それこそ都会はアウト。水は出ないし、電気もなく、交通はストップする。食べ物さえ手に入らず、パニックに陥るだけだね。それを考えると、経済の成長も大事だけど、もっと大切なものがあることに気がつくはず。それが自然なんだ。山には水があるし、豊かな山の幸もある。災害に襲われても、電気さえきていれば、何とか1か月ぐらいは生き延びられるんだよ。

自分が山での生活を考えたのは、そういう問題意識もあったからなんだ。そのために、会社の積立金制度を利用して、お金をコツコツ貯めてきたね」

*

下田さんが山暮らしへと本格的に動き始めたのは、前出の陸恭一さんが自分の庵を構えた4か月後、２０００年5月のことである。那須高原や伊豆、長野県、千葉県などの山に移住先を探したが、当時、自動車メーカーの開発員として東京郊外に勤務していた下田さんにとっては、どの地も通勤に多くの時間を要するところばかりだった。

あるとき、新聞の折り込み広告で、３０００坪の土地が坪単価３０００円で売り出されているのを知って目を丸くした。しかも、その地は勤務先から高速道路を使えば、1時間強で辿りつける山の中腹にある。一見する価値は、十分すぎるほどあった。

「ところが、業者に案内してもらうと、これが日の当たらない竹藪だらけの土地でね。小屋があったけど、ボロボロで住めたもんじゃない。おまけに、その土地に入るには小川を渡らなければならないが、橋もかかっていないんだ。こりゃ、安いはずだと思ったね（笑）。ただ、この一帯は自然に恵まれているし、会社に通うのにもそれほど時間はかからない。そこで、この周辺を中心に物件を探すことにしたんだ」

同年8月、下田さんは標高５５０メートルほどの山中にある別荘地帯の雑木林２０００坪を業者に紹介された。坪単価は1万円だったが、その前に紹介された雑木林と違って日当たりや景観が良く、辺りも寂《せき》とした静けさに包まれていた。

下田さんはこの雑木林を５００坪だけ購入すると（その後、所有地を１１００坪にまで増やした）、25万円で仕入れた中古のパワーシャベルカーとチェンソーを使って、自ら土地の造成に乗り出した。造成は順調に進んだかに見えたが、急勾配の傾斜地にH型の鋼材を打ち込むところで、思わぬ難儀を強いられた。

「H鋼を20本ほど打ち込んで、その間にコンクリート製の板を差し込めば、土砂崩れに対する十分な防止になるはずだった。ところが、いくら頑張ってもH鋼の杭が入っていかないんだよ。しょうがないから大きなハンマーを買ってきたんだけど、コンクリート塀を差し込むので、角度を測りながら慎重に打ち込まなければならない。慣れてきてからは一日４本ぐらいのＨ鋼を打ち込めるようになったけど、最初のうちは一日で１本打ち込むのが精一杯だったね。とにかくあの頃はハンマーでＨ鋼を叩くカ～ン、カ～ンという音が、山奥に響き渡っていた（笑）」

こうして土地の造成を何とか完了させると、今度は建築業者に頼んで、電動シャッター付きのガレージを作り始めた。約28坪の広いガレージ（13メートル×７メートル）で、約１０００万円の投資である。

そのガレージも２００４年の春に完成した。下田さんは「電気さえ引けばここに住める」、そう判断すると、都内のアパートを引き払い、ガレージを自分の仮の住処にするようになる。

しかし、その頃は水だけでなく、風呂もトイレもない不便な生活を強いられた。水は近くの飲料用の山水をポリタンクに入れて運び、風呂は麓《ふもと》の温泉施設を利用した。トイレは工事業者が置いていった仮設トイレを利用できたが、溜め込み式で汲み取りの必要があったことから、小便は自然に還元し、大便のほうは急を要する以外、会社の行き帰りに公衆トイレを利用した。

「夏のある夜、山に激しい雷雨があってね。これ幸いと、裸で外に飛び出して、シャワー代わりにシャンプーで全身を洗ったんだ。そうしたら、いきなり目の前を稲妻が横に走った。いやぁ、あのときはビックリしたね。山では雷が横に走ることがあるとは聞いてたけど、まさかそれを目の前で経験するとは思わなかった。素っ裸のまま慌ててガレージに逃げ込んだよ（笑）」

勤務先は従業員が自身の勤務時間帯を選べる「フレックスタイム」制を敷いていた。山奥のガレージを根城にする下田さんは、渋滞を避けるため早朝5時過ぎに自家用車で出発。6時半から就業し、午後3時半に退社するという勤務パターンを選択した。ときに残業もあったが、遅いときでも午後の5時半には退社できたという。そして、休日は自然との共生を楽しみながら、敷地内の雑草刈りや造成の補助などに精を出す。下田さんにとって、この生活パターンが何よりも心の滋養になったという。

＊

しかし、ガレージの上に建設予定だった念願のログハウスを巡って、思わぬトラブルが発生する。下田さんは地元の建設業者にログ材を本場カナダから輸入するように依頼していた。

ログ材の費用は輸送費込みで総額９００万円。下田さんはログ材を載せた船がカナダを出港した時点で、その全額を支払う契約を結び、船は無事出港した。

ところが、１か月後に届いたログ材を見て愕然とした。すべて通し１本のログ材を注文していたにもかかわらず、ぶつ切りのログ材ばかりが届けられていた。

これには請け負った地元の建設業者も頭を抱え、下田さんは来日したカナダの材木業者も交えて、次善策を話し合った。

その結果、ログ材をすべて引き上げ、支払った全額を返却するという話に落ち着いた。が、カナダの材木業者が約束を反故にして姿をくらましたため、結局すべての責任を被ったのは建設業者だったという。

「毎月、建設業者から20万円の返済があった。ところが、５００万円ほど振り込まれた後、返済が滞ったんだ。そのうち建設業者の弁護士から、今後の返済は無理だという通達がきたんだよ。ようするに会社が倒産したんだね。

残りの４００万円？　それっきりで、取り返していないよ。そりゃ痛手だったけど、いい勉強になったと思ってね」

その後、下田さんは別の建設業者に広いロフトのついたログハウスの建設を依頼した。建築費用は材料費込みで約2000万円。支柱に檜や杉を使い、薪ストーブも設置するという本格的なログハウスである。

2011年春、22畳のリビングと14畳の寝室を持つ4LDKの大型ログハウスが、緑深い山の斜面に誕生した。

「まさに苦節10年というやつだね」

2016年に58歳で退職。世間のしがらみからも解放され、下田さんはいま、近隣との「適度な」交流を保ちながら、静かな山暮らしを楽しんでいる。

害獣と虫

陸恭一さんが山中に自分の庵を結んでから、最も心を配ってきたのは、近隣の定住者や他の別荘所有者との関係性に、負の因子を持ち込まないことだったという。そのため、陸さんが最初にとった行動は、菓子折りを手に定住者宅や他の別荘を一軒一軒回ることだった。

「それでも」

と、陸さんは言う。

「私を受け入れてくれた人がいる一方で、ほとんど何の反応も示さない人もいました。他の別荘地帯に私が挨拶に行ったときは、迷惑そうな顔をする人もいたし、菓子折りを受け取らない人もいたほどです。
散歩の途中ですれ違った定住者にも必ず自分から挨拶しました。でも、最初の頃は誰も挨拶を返してくれませんでしたね。ここの別荘地はその昔、この界隈に住む人たちの所有地だった。それを不動産業者が買い取って、それを一般に売りに出したのだから、地元の人から見れば、たしかに私たちはよそ者なんですよ。それが、広い意味での集落意識というものだったのでしょう。それでも地道に挨拶を繰り返していくうちに、定住者の多くが私を受け入れてくれるようになりました」

先に書いたように、私の山荘に至るためには、自家用車がようやく一台通れるような荒れ果てた狭い山道を、最後に４００メートルほど登らなければならない。いまは更地になっているが、私が山荘を購入した頃、その登り口の角には一軒の無人の旧家があった。陸さんによると、その旧家にはかつて高齢女性が一人で暮らしていたという。

「そのお婆さんとも懇意になりました。体力的に無理なので、私が敷地内のタケノコをとってやって、そのうちの何本かをもらったりもした。お婆さんに代わって柿の木から柿もとりましたが、いつもいくつかお裾分けしてもらったものです。そのお婆さんも老人施設に入ったと聞いています。元気でいるのかどうか、わかりませんが」

やがて、陸さんは別荘地帯の上のほうにある民宿の主人とも懇意になった。その主人から40坪の畑を借り、「一度も経験のない」菜園をやるようになった。そして、ピーマンや小松菜、ジャガイモ、シシトウなどを育てていくうちに、陸さんはしだいに菜園の魅力に引き込まれていく。

「一粒の種を蒔くと、それが何週間後には10倍にも増えて、しかも美味しく食べることができる。それが、山での私の大きな楽しみにもなりました。元来の私は、料理も何もできない不器用な人間。すべて妻に任せっきりで生きてきました。最初の頃は妻もときどき山荘にきましたし、私はただ座っていれば食卓に料理が並ぶ。妻がいればたしかに楽ですが、畑を持ってからは、自分で育てたジャガイモや玉ねぎ、カボチャを使って炒め物をしたし、小松菜やホウレンソウの味噌汁も作るようになりました」

しかし、外敵が多い。当初はジャガイモがイノシシに食べられ、葉物もシカに一晩で食べ尽くされてしまった。イノシシ対策として畑をトタン板で囲んだが、シカはその上を飛び越えてしまう。陸さんはトタン板の上に防虫ネットを張って、シカ対策とした。

「それにハクビシンは唐辛子に弱いと聞いたので、一味唐辛子のパックを買って来て、畑に蒔いていきます」

＊

害獣駆除の問題は、山を生きる糧とする者にとって、昔から避けることのできない課題だった。徹底したフィールドワークによって、独自の民俗学を開拓した民俗学者の宮本常一は、その著書『山に生きる人びと』（河出文庫）のなかで、〈作物を鳥獣の害から守ることは農民にとっては容易でなかった〉として、こんな例を紹介している。

〈山村ならばどこの村でもシシ追いをしている。山畑の作物がみのるころになると、百姓たちは畑のほとりにかがり火をたいて「ホーイ、ホーイ」とイノシシを追うたものである〉

たしかに、山の生活は野生動物との共存を意味する。私もこの地に自分の庵を結んでからというもの、イノシシやタヌキ、シカ、ムササビなど、多くの野生動物たちと幾度となく遭遇してきた。幸運にも私はクマと鉢合わせしたことはないが、２０１７年の夏、山荘近くの町道をクマが歩いているのが目撃され、ちょっとした騒ぎになった。翌２０１８年の夏には、仔グマが罠で捕らえられ、親グマが近くにいる危険性を知らせる情報も耳に入った。

ちょうどその頃だったのだろう。ある日、近くの山を散策していると、クマ出没の警戒放送が山間に響き渡った。私は慌てて山荘に逃げ帰るしかなかった。

かと思えば、森の茂みに入り込んだ際、すぐ間近で発砲音が轟いたこともあった。シカかイノシシが害獣として駆除されていたのだろうが、このときも私はすくみ上がる間もなく、一目散に山荘へと逃げ帰っている。

しかし、こうした野生動物たちを巡るちょっとしたエピソードも、彼らの元々の生存圏内に、私たち人間が入り込んできたことを意味する。迷惑に思うのは私たちではなく、むしろ彼らのほうなのかもしれない。

だからこそ野生動物たちの生存権を尊重しつつ、山の自然で暮らす個々が自らの責任において、その対処に当たるべきではないかと、陸さんは強調する。

「散歩の途中、竹藪からウリ坊が5～6頭出てきて、沢のほうに降りていくのを目の前で見たことがあります。可愛いなと思って見ていたら、そのすぐあとを巨大なイノシシ2頭が突っ切っていった。あまりにも近くだったので、このときは怖くて、ピクリとも動けませんでした。

イノシシは出会いがしらが危ないんです。こちらもびっくりするけど、イノシシのほうもびっくりする。そうなれば、突進してきますからね。うちの別荘の真向かいに、綺麗に草刈りした広い土地があるでしょ？　あれはね、私がその土地の所有者の許可をとって、自分で草を刈ったんです。実際、近くの竹藪にはイノシシの姿も見かけますし、草木が生い茂ったらそこにイノシシが入り込んで、いつなんどき鉢合わせするかわからないからです。

　マムシ？　マムシは昔こそよく見ましたが、最近はあまり見かけなくなりましたね。それより、私、頭のてっぺんをスズメバチに刺されたことがあるんですよ。玄関を出たすぐ上に巣を作っていたのに気がつかなかったんです。車で街の病院に急行して抗生物質を投与してもらいましたが、その夜は頭が腫れあがり、痛くて痛くて一晩中眠れませんでした」

　これまで私はスズメバチに刺されたこともなければ、マムシの存在に気づいたこともない。禅寺滞在中に、一度だけ右目が塞がるほど腫れあがったことがあったが、陸さんのような痛みは経験しなかったので、少なくともスズメバチではなかったのだろう。

「ここでは虫が嫌というほど出てくるし、零下の真冬にも蛾が飛んできたことがありました。それを見たときは目を疑いましたね。こんな寒いのに、なんで生きていられるのか？って」

＊

その陸さんが会社を定年退職したのは、２０１４年のことである。休日の限られた時間のなかでの山暮らしの次に待っていたのは、制約から解き放たれた山暮らしの満喫だった。以来彼は週に3～4日、月のほぼ半分を山の生活に充てるようになる。昼間はのんびりと畑仕事を楽しみ、自分の庵に戻った後は、ひと風呂浴びて汗を流し落とす。そして、日が暮れ始めると、調理した農作物をつまみに、一人アルコールのグラスを傾ける。

陸さんはしみじみと口にした。

「都会の生活が煩わしいというより、私は根っから自然が好きなんです。ここに来て心がホッと安らぐのも、それがあるからでしょう。大勢でわいわいがやがやは苦手だし、この別荘地帯のように深い森のなかにポツンポツンと別荘が建ち、普段は誰も来ないが、夜ふと見ると、あなたの山荘から灯りが洩れている。お互いに無視し合うのでもなく、かといって相手の領域にズカズカと入り込むのでもない。『ああ、来てるんだなあ』。ただそう思うことが、私にとっては心地よいんです。

そういう意味で、近隣との交流を大切にするか、自然のなかでただ独りでいることを楽しむか。この2通りの山暮らしの在り方を考えたとき、私はその中間で暮らしているんだと思いますよ」

水の問題再び――山水の管理

標高４６０メートルにある鬱蒼とした森に囲まれた、この静かな別荘地帯。定期的に訪れるのは、陸さんと私ぐらいなもので、ごくたまに登山客が紛れてくる以外、日中でも見知らぬ人が訪ねてくることは皆無に近い。

しかし、一度だけ新興宗教団体の女性信者２人が「悠庵」を訪れ、私を驚かせている。彼女たちがこんな山奥にわざわざ足を運んだその布教の熱心さに、むしろ舌を巻いたのだ（このときは、何とか布教の追撃から逃れることができた）。

見知らぬ人の突然の来訪に関して言えば、この件とは別の意味で、私を驚かせたもう一つの小事件もある。

２０１９年の3月下旬、その日の夜、私は悠庵で原稿の執筆に頭を悩ませていた。山荘の裏手にある敷地内の茂みから、何やらゴソゴソとした気配が伝わってきたのは、そのさなかの22時近くのことである。

ザクザクッと茂みをかき分けて歩くその気配は、どうイメージしても野生動物のものではない。陸さん不在で、たった一人だけの夜の深みのなか、私の胸にしだいに恐怖心が忍び寄ってきた。

「まさか、盗賊では？」

恐れに突き動かされて、私は裏山に面する窓をドンドンと叩いた。それでも何の反応もなく、次に私は勇気を絞り出すと、玄関のドアから首を伸ばし、「誰かいますかぁ？」と声を張り上げた。貯水タンクのほうから灯りがチラリと見え、「すみませ～ん」という小さな声が返ってきた。

「水が出ないので、ちょっと見にきましたぁ」

私の前に現れたのは、ヘッドライトをつけた細身の中年男性だった。下田寛さんが定住する同じ別荘地帯に、自分の別荘を構えているという。仮に名前をEさんとする。

その別荘地帯から私の別荘地帯までは、車を利用すると5～6分程度で到着するが、山道を歩くとなれば30分前後はかかる。アルコールを飲んでいたためか、Eさんはヘッドライト一つを頼りに、野生動物の跋扈する夜の山道を歩いてここまで辿りついていた。

そのEさんと貯水タンクの蓋を開け、ライトの灯りでなかを覗き見た。2トンの山水を貯水できるタンクの水位が、半分程度しかない。私の別荘地帯に供給される山水の給水口は、タンクの下のほうの側面にあり、それは水位内にあった。しかし、Eさんの別荘地帯に供給される山水は、溢れ出た山水の一部をモーターで引き上げるため、給水口がタンクの上部に取り付けられていた。

その給水口まで水位が達していない。水が出なくなったのも当然だった。

「山の水が枯れちゃったのかな？」

Eさんが弱々しく呟いた。それから、水の確保に関する難儀を苦笑交じりに言った。

「バブル期に別荘を建てたんですけど、水はちゃんと出ていたし、水に関しては気にも留めていなかったんです。ところが、近隣の定住者からクレームがついた。建築業者が近隣定住者の所有する沢から勝手に山水を引いていたんですね。

おかげで、私たちの別荘地帯では水が使えなくなりました。せっかく別荘を建てたのに、水がなければ、生活もできません。そこで、私の妻がここの別荘地帯の所有者に掛け合い、何とか山水を分けてもらうことができたんです」

*

山の生活において、水の確保は死活問題である。ある山村地帯では、沢の水の利権を巡り、殺人にまで発展した事件もあったという。

そういう意味で、私がここに自分の庵を構えたことは、幸い以外の何ものでもなかった。

陸さんによると、この一帯に供給される山水は、私の山荘の前所有者が近隣定住者との交渉を繰り返した結果、ようやく確保できたものだという。

しかも、Ｅさんの別荘地帯に山水を提供する見返りとして、貯水タンクを含む山水の管理や管理費の一切をＥさん側の別荘地帯が担うという条件を提示した。私の山荘が管理費なしの自己管理という体裁をとれるのも、そのおかげだった。

一方、Ｅさんの別荘地帯では管理費の一部を使って、水道業者にその管理をしばらく任せていたという。２０１１年に下田さんが同じ別荘地帯に定住するようになってからは、水の管理の一切を下田さんが「無報酬で」行うようになった。

「自分は水の管理人じゃないんだけどなぁ」

下田さんはたびたび苦笑している。しかし、廃墟や売り物件も含めて約70件の別荘が建つその広大な別荘地帯において、定住者は当時、下田さんただ一人。その上、山暮らしのノウハウに精通しているとあっては、「水の管理人」を担うのも、もはや「宿命」だったのだろう。

いずれにしても、貯水タンクの水位低下は、Eさんの別荘地帯だけの問題ではない。本当に山の水が枯れたのであれば、陸さんや私の山荘にもいずれ水が供給されなくなる。

「下田さんに連絡しなくては……」

そう思って携帯を見た。すでに下田さんからの着信が入っていた。改めて電話を入れると、下田さんが平然として言った。

「さっきEさんが自分のところに駆け込んできたけど、自分は予備のタンクに水を確保しているから、水の心配はないんだよ。それより明日、取水口とタンクの掃除をするから付き合いませんか」

山水の管理が、いかに緻密で大変な作業か。私はそれを、身をもって学ぶことになる。

*

翌朝、下田さんと落ち合ったのは、下田さんの別荘地帯の下を走る、町道の一角だった。長靴を履いた下田さんは、長い柄のついたタワシと鍬《くわ》、さらにシャベルを入れたバケツを手に持っている。勝手のわからない私はと言えば、長靴を履いただけで何も用意していない。

下田さんが町道脇の崖の茂みを降りて行ったので、私もよろめきながらそれに続いた。下

山水の取水口と濾過用のザル

田さんが柄の長い鍬を体の前で振りながら歩いているのは、「湿地帯によくいるマムシを追い払うため」なのだという。

やがて、チョロチョロした沢の音がかすかに耳に届き、金網の上に青いトタンが被せられた細長い取水口が見えてきた。茶色がかった落ち葉と泥が、トタンの上を覆っている。下田さんが沢に沿って下方に伸びる配水管のバルブを閉め、排水口のドレーンのバルブを開けた。ドレーンから泥水が勢いよく噴き出してきた。それを確認してから、下田さんが取水口に被せた金網とトタンを外した。取水口にチョロチョロと流れ落ちる沢の水に、

「たしかに水量が少ないなあ」

ポツンと呟いた。それから、水の流れを調整するいくつかの岩の位置を動かし、水量を少しだけ増やした。

その間、私は手渡されたシャベルで、取水口の底に溜まる泥や落ち葉をすくっては、外に捨てた。山水が取水口へ流れ落ちる地点には、布製のフィルターが被せられた網の目の細かいザルが置かれている。山水に混じる泥や落ち葉などを濾《ろ》

ドレーンから勢いよく噴き出る汚れた水

過《か》するためだったが、それでも取水口の底には汚泥のようなものが溜まっていた。それをシャベルでひたすら取り除くこと約20分。取水口を流れる水が、ようやく透明度を取り戻してきた。

「台風のときなんか、この辺りに大きな石がゴロゴロ流れてきて、配水管を潰しかねない。そうなったら、もう水の供給はできなくなるんです」

　下田さんは言った。実際、２０１９年の秋の大型台風では、辛うじて潰されなかったものの、配水管の上に巨岩が覆いかぶさっている。

　さて、配水管にこびり付いた泥がすっかり吐き出され、取水口に溜まった汚泥も取り除かれると、次に私の別荘地帯に伸びる配水管の中間地点に移動した。ちょうど配水管が最も低い位置にある場所で、そこから先の配水管は山肌を登るように、私の別荘地帯へと伸びている。

　ここでも、下田さんは配水管のバルブを閉め、排水口のドレーンを全開にした。ドレーンは配水管の繋ぎ目の前後2か所についている。またもや配管に残った汚泥が山水と一緒に勢いよく噴き出してきた。それを見て私は、澄んだ山水の供給がいかに困難極まるものかを改めて思い知った。

しかし、そのためには最後の難関が待ち受けている。私の山荘の裏手敷地内にある貯水タンクの掃除だった。

貯水タンクまで足を運ぶと、下田さんはまず、タンクの底裏にある配水管のバルブを閉めた。

タンク内の底には、山水が入り込む給水口がある。その上に底の中央がくりぬかれた円錐台形の鉢植えが乗せられていた。さらに、鉢植えのなかには、袋状の水切りフィルターに包まれた大・中・小3つのザルが、一定の間隔をおいて下から上へと被せられている。

「これ?」

鉢植えごと取り出しながら、下田さんが言った。

「自分が考えて設置したものなんだ。下から上がってくる山水をこれで濾過するから、鉢植えからオーバーフローした水もその分だけ綺麗になる。そのためには、山水もチョロチョロと少しずつ取り入れなければならないんだよ。大量に取り入れたら、泥とか異物も流れ込んでくるからね。けど、自分が来る前に頼んでいた業者はひどかったなあ。濾過も何もせず、ただ勢いよく山水を取り入れていたんだから。タンクの水は濁っていたし、底のほうにもヘドロのようなものが溜まっていたよ。ここの別荘地帯が使う給水口はタンクの下のほうにある。その辺りまでヘドロが堆積してたんだから、そうとう汚い山水を使っていたんだと思うね」

すでに書いたように、下田さんやEさんの別荘地帯が使う山水は、タンク内の上部に顔を出す細い給水管を通して供給されている。しかも、給水口には台所の排水口に使うゴミ受けが置かれ、その上にさらに濾過用の綿が詰め込まれている。そのため下田さんの別荘地帯では上澄みの綺麗な水を利用できるが、その代償として今回のように山の水が枯れかけると、肝心な山水が使えなくなる。

「どちらも一長一短だね」

下田さんは笑った。

*

それにしても、下田さんが育んできた山暮らしの知恵。それに私は脱帽するしかなかった。

購入した山林を自分の手で造成し、斜面地にH鋼材を打ち込んだだけではない。前出のマンホールのコンクリート蓋の件で（１３７頁参照）、お手上げ状態だった私を、ちょっとした工夫で救ってくれたのも下田さんだったし、隣接地の松の木が腐り始め、倒壊すると悠庵を直撃する危険性があることを教えてくれたのも、実は下田さんだった。

　そして、彼はいま、様々な工夫を施すことで、可能な限り澄んだ山水を私たちに提供してくれている。

貯水タンク内部とフィルターの役割を果たす鉢植え

　その恩に少しでも報いようと、私はスポンジを手に、取り外した鉢植えとザルをタンクの水を利用して洗った。同時に、下田さんが排水口のドレーンを全開にした。

　タンクの水が少しずつ水位を下げていき、次に私は柄の長いタワシを使ってタンクの底のゴミをかき集め、それを山水と一緒に排水口から押し流した。

　30分ほど続けると、タンクに貯められた山水はすべて排出され、タンク底のゴミもほとんど排水口から消えていった。

下田さんが鉢植えをタンクの給水口に取りつけ、大・中・小3つのザルに新しい水切りフィルターを被せた。その上に重石となる小石を3つほど載せて、まず一番小さいザルを裏向きに鉢植えの底のほうに収めた。同じようにして、中・大のザルを順番に鉢植えのなかに収めると、下田さんが給水口のバルブを開けた。

大量に流れ込まないように調整された山水は、フィルターに包まれたザルの濾過を経て、やがて鉢植えの上からチョロチョロと溢れ出てきた。このこぼれ落ちた山水がタンクに貯まり、私たち山荘所有者の貴重な生活源の一部になるのである。

「さあ、これで完了」

下田さんがそう言って、貯水タンクの上部の蓋を閉めた。

「水も貯まってきたし、しばらくは綺麗な水を使うことができますよ。ただ以前、悪戯だったのか、嫌がらせだったのか、誰かがバルブを全開にしたことがあってね。せっかく掃除したばかりだったのに、すぐに泥が流れ込んで、底に溜まっちゃった。おかげで、最初からやり直しだったよ（笑）」

腕時計を見ると、13時30分になっていた。沢の取水口の掃除から始まり、貯水タンクの掃除完了まで、私たちは4時間近くも作業に没頭してきたことになる。

下田さんはこの作業を3か月に一度のペースで行い、2週間に一度は貯水タンク内の点検に訪れるという。

「ですから」

と、前出の陸恭一さんは言った。

「私たちは『水の管理はそちらの別荘地帯の仕事でしょ』とはけっして口にできない。『いつも綺麗にしてくれてありがとう』と、感謝の気持ちを持たなければならないんです。下田さんが水の管理をしてくれるまで、私のところは風呂に水を貯めても泥や砂のようなものが混じっていました。煮沸しても飲む気になれなかったものです。でも、下田さんがいろいろ工夫してくれるようになってからは、ゴミのようなものもほとんどなく、綺麗な水を使えるようになった。孤独を楽しむと言っても、そういう助けがなければ、快適さは得られない。私たちはそのことを忘れちゃいけないんだと思いますよ」

前の所有者との対面

陸恭一さんが自分の庵を結んだ頃、一帯には陸さんの山荘も含めて計6軒の山荘が森林に隠れるように点在していた。陸さんも含めて、そのうち５軒は別荘所有者が定期的に訪れていたという。私の山荘「悠庵」の前所有者もその一人だった。

その悠庵から南西に40メートルほど下ったところには、朽ちかけた小さな平屋が、鬱蒼とした雑木林に埋もれるようにして建っている。その山荘の所有者は丸２年もかけて、土台から上物までの建物丸ごとを自分の手で作ったのだという。

その所有者もすでに世を去り、遺族に頼まれる形で、いまは陸さんが草刈りをするなど、その土地の管理に当たっている。

さらに、その西の下のほうにはわりとしっかりした作りの２階建ての別荘が、草木に隠れて建っている。陸さんによると、この別荘にはサウナが完備され、他の別荘所有者にも開放していたという。しかし、この物件も数年前に売りに出された。いまだ買い手がつかないのは、四方を雑木林に囲まれ、日当たりと景観に難があるからなのかもしれない。

一方、悠庵の北隣の広い敷地の奥には、２階建ての白い別荘も建っている。Ｙさんという元々の所有者はすでにこの別荘を手放し、私が自分の庵を構える２年ほど前に、別の人が買い取った。この人物がほとんど姿を現すことのない、前記した「変わり者」の別荘所有者である（１１８頁参照）。

陸さんの山荘から北に50メートルほど離れた傾斜地には、いまでは廃墟と化しているものの、ひときわ目立つ別荘が建てられている。土台を鉄筋で固めた白亜の平屋で、豪奢と言えば、おそらく建築当時はかなり見栄えのいい物件だったのだろう。

「でも、不思議なんです」

陸さんは言った。

「せっかく立派な別荘を建てたのに、誰も来ないんです。いつだったか、その別荘に泥棒が入って、警察が所有者を呼んだことがありました。私はそのときたまたまいたので、所有者にちょっとだけ挨拶しています。中年の男性でした。ここに20年以上もいて、私がその所有者と会ったのは、それ一回きりですよ。なんで来ないのか、いまでもわかりませんが」

すでに書いたように、主が不在のその豪奢な別荘の玄関の窓枠には、電力会社からの電気使用量の「お知らせ」の紙が無数に差し込まれている（１２６頁参照）。一度、その紙を手に取ったが、電気使用量の請求予定金額は、どれもみな基本料金のみ。別荘の名義人が変わったのか、宛名は女性になっていた（おそらく夫人だろう）。そして、陸さんと同じく、私もこれまでその別荘を訪れる人の姿は見たことがない。

「あなたの山荘を所有していたＭさんと、その隣のＹさんが中心になって、この別荘地帯の管理をしてくれていました。私がきた頃はすでに山水も使えるようになっていたし、水の確保で奔走したりしたのもこのお二人、特にＭさんです。それでいて、お互いの自由を尊重し合い、誰も相手のプライベートに介入することはなかった。私はＭさんと特に親しくしていましたが、それでも外で立ち話をする程度。お宅に入ったこともありません」

その懇意にする別荘所有者たちも、一人また一人と別荘地帯から消えていく。陸さんによると、Ｙさんはよく夫人と一緒に自家用車で山荘を訪れていたという。が、高齢だったこともあり、やがて車の運転をやめた。以来、Ｙさん夫妻は最寄り駅から約８キロの登りの道のりを徒歩に頼るようになったが、いつしか姿を見せなくなったという。そして、Ｙさんがいなくなった数年後には、陸さんが最も懇意にしていたＭさんもこの地を去る。

こうして陸さんは、私と「変わり者」の私の隣人が自分の庵を構えるまで、約２年にわたり独りでここに留まることになった。

「それでも」

と、陸さんは笑った。

「淋しさを感じたことはありませんでしたね」

＊

いまこの一帯は、山水の管理を除いて、陸さん一人がほとんど管理していると言っても過言ではない。別荘地帯を貫く荒れ果てた土の道に、夏になると覆いかぶさる夥しい雑草群。それを電動芝刈り機や刈り込みバサミで除去してくれるのも陸さんだし、冬季に道に降り積もった雪を除雪してくれるのも陸さん。２０２０年の夏、浄化槽の排水管の度重なる詰まりにとうとう悲鳴を上げた私のために、水道業者を呼んでくれたのも陸さんだった（おまけに、育てた野菜をいつも私にお裾分けしてくれる）。

２０１８年の春には、山水は枯れていないのに、貯水タンクに水が貯まらないという異常事態に遭遇した。タンクの知識に乏しい私にできることは何もなく、たまたま別荘に滞在していた陸さんと、応援に駆けつけてきた下田さんが、その対処に当たった。

その結果、売りに出されていた別荘の敷地内にある水道管に亀裂が入り、そこから水が噴き出して、タンクの水が枯渇したのがわかった。水道管の元栓は、たいがい外水道近くの地中にある。その元栓を探したものの、見つからない。そこで、陸さんが街のホームセンターに行って、亀裂を埋めるための補修材とテープ、それと20ミリの厚さのウレタンを買ってきた。

「自然と固くなる補修材を水道管の亀裂に塗り込み、乾いたらその上からテーピングしました。さらにその上にウレタンを巻いて、再びテーピングしたんです」

こうして水漏れの問題は何とか解決したが、この話はのちに私が陸さんから聞いたものである。水漏れが発覚したその日、私は都内に用事があったため、対処を陸さんと下田さんに任せて、早々と山荘を引き上げていた。陸さんと下田さんが不在で、もし私一人だけだったら、何もできずに自宅へと逃げ帰っていたかもしれない。

「陸さんや下田さんがいなくなったら、どうなってしまうんだろうか……」

傾斜地のデッキで夜空を見上げながら、以来、私はよくこんなことを想うようになった。年齢から言えば、この一帯を先に離れるのは、陸さんのほうである。人嫌いでほとんど顔を見せない隣人はまったく当てにならないので、そうなると、実質的に私一人がここに留まることになる。

下田さんは私と同年齢だが、ともに初老の域。下田さんが先に、山暮らしをリタイアしないとも限らない。

「そうなったとしても」

と、私はまた、思いを巡らす。

「この人里離れた静かな森が、自分を救ってくれたことに変わりはないのだ」

＊

自然の奥からつねに命の鼓動を伝えてくる野生動物たち。それは思った以上に、この一帯に多く棲息していた。

私が就寝中の深夜に這い上がったのだろう。ある雪の日の早朝、積雪に覆われたウッドデッキに出てみると、イノシシらしき足跡と放尿の黄色い窪みが、いくつも刻まれていたことがあった。白銀に埋もれた駐車場にも、野生動物の足跡と放尿跡が、点々と残されていた。

そして、春から秋にかけては濃淡映える森の奥から野鳥や虫たちの澄んだハーモニーが奏でられ、枝葉を大きく広げる傾斜地内の巨大な山桜の茂みからは、真夏の到来を告げるヒグラシたちの荘厳な合唱が響き渡る。

「ウグイスなんて可愛いよね」

いつだったか、下田さんは言った。

「口笛で啼き声を真似したら、ちゃんとホーホケキョと返事してくれるんだから。臆病で滅多に姿を見せないけど、山道を歩くと、啼きながら後をついてくることもあるよ。外敵のカラスから身を守るためには、人間の近くにいるのが安全だということを知っているんだね」

同じようなことは、陸さんも口にしている。試しに、私もウグイスたちの啼き声を口笛で真似した。たしかに、彼らは「こっちのほうがうまく啼けるよ」と言わんばかりに、そのつど美しい啼き声を返してくれる。

「しかも」

と、さらに思わずにいられない。

１９８８年頃に建てられたという、建坪12坪程度のこの平屋の山荘。築30年以上も経ったこの物件が、目立つ傷みもなく私に引き継がれたのは、前の所有者が修繕を繰り返し、大切に使っていたことの、何よりの証拠だった。

台所の板間はいまだ艶を残し、三角形の天井板にも、張り替えられた形跡があった。多少は色褪せているものの、２つの日本間の畳からもい草の香りがかすかに漂ってくる。

デッキやベランダに使う木製の板は、防腐剤を塗ったとしても、10年が寿命だと言われている。しかし、ベランダの木板は、まだまだ重荷に耐えられるほど、弾力性を保っていた。

台所の鴨居の上を見ると、そこに３６０度回転式のワイン置きが６つも作られている。しかも、３つの部屋を仕切る2本の鴨居と天井の隙間には、返しのついた洒落た障子板までが吊るされていた。

北側の日本間には床の間もある。私は床の間に亡き息子の写真を飾り、お香を灯すことで、その日本間を座禅や瞑想のためだけの「聖なる場」としてきた。

前の所有者は山水の確保に奔走してくれただけではない。こうした環境を整えてくれることで、私の心が癒されるためのお膳立てをしてくれたのだ。

「これは、何としても」

私は思った。

「お礼をかねて、前の所有者に会いに行かなければならない」

6つある、360度回転式のワイン置き

＊

悠庵の前所有者Mさんこと、御手洗健一さん（仮名）と私の自宅は、思いのほか近い距離にあった。待ち合わせの場所に行くと、御手洗さんは夫人を伴っていた。

「あの別荘は２０１５年の春に売りに出しました」

最初に切り出したのは、夫人のほうだった。

「でも、なかなか買い手がつかないので、主人ともいっそのこと町に寄付しようかと話し合っていたところだったんですよ。買っていただいて、ホントに感謝しています」

こちらが感謝しなければいけないところ、先にお礼を言われて恐縮した。

御手洗さんはその昔、大手デパートの内装関係のデザイン・設計職に就いていた。仕事を発注して、いざ工事が始まると、現場に泊まり込むことを余儀なくされる。１か月から2か月間は自宅に戻れなかったという。

御手洗さんは言う。

「幼い長女と長男がいましたが、父親が不在ぎみなので淋しい想いをさせていたかもしれません。だから、せめてわが家に帰ったときぐらい、子供たちを連れて気軽に遊びに行けるようなところがほしいと、ずっと思っていたんです」

１９８５年４月のある日、家族４人で関東圏内の景勝地を自家用車で観光した。その途中、「別荘地売り出し」の幟《のぼり》を見つけた御手洗さんは、導かれるようにその地に向かった。

売り出し地の一角に立つと、そこは豊かな緑に恵まれ、はるか西方には秀麗な山々の峰が金色に輝いていた。御手洗さんは心洗われるものを感じた。

仲介業者が提示した手付金は、わずか1万円。御手洗さんはさっそく手付金を払い、売り出し地のなかでも最も景観に恵まれた傾斜地付きの土地62坪を確保した。現在、この土地の評価額は坪1万円程度だが、御手洗さんの記憶によれば、「当時は坪4万～5万円ほどだったのではないか」という。

夫人は言う。

「傾斜地にはいろんな草木が生えてました」

「そのなかに背丈が2メートルほどで、太さが10センチぐらいの細い木が立っていたんです。主人とも『なんの木なんだろうね？』なんて話していました。それが、みるみるうちにあんなに大きくなって……。山桜だったんですね」

この山桜は傾斜地のほぼ中央に立ち、いまでは幹が一番太いところで直径は優に1メートルを超える。その幹も途中から二重三重と分かれて天空へと伸び、地上20メートル前後にも達している。円形状に大きく広がった枝葉は、山桜の巨木に凜とした荘厳さを加え、前出の下田寛さんも、「この界隈でも滅多に見られない立派な山桜だよ」と絶賛したことがあった。

「土地を購入したばかりの頃は、別荘地帯に建物は何もありませんでした。しばらくして右隣の土地を所有していたYさんが、別荘を建て始めたので、うちも建てようと思ったんです。

当時はまだ景気もよかったですからね。いつ？　たしか土地を買って3〜4年後に建てたんじゃないかな」（御手洗さん）

いま私の手元にある不動産権利書を見ると、土地の所有権移転の日付は昭和60年5月4日と明記されている。しかし、権利書と一緒に同封されていた「不動産目録」には、住居12坪が「昭和60年1月新築　未登記」とあり、これは明らかに不動産目録の間違いだろう。また、「未登記」と言えば聞こえは悪いが、この場合は単に御手洗さんが金融機関の貸付けに頼ることなく、建築費用の一切を完済したことを意味する。素朴な平屋の設計は、御手洗さん自らが行ったという。

建築費用はいくらかかったのか。売り手と買い手という関係もあり、私はあえてそれを御手洗さんに聞いていないが、地元の不動産業者によれば、「廃材を使わなければ、当時なら土台や水回りなども含めて１０００万円近くの建築費はかかったはず」だという。

「子供たちも大喜びでした」

御手洗さんは続ける。

「仕事が忙しかったので、そう頻繁には連れてこられませんでしたが、近くの沢ではザリガニもとれたし、都会にはない豊かさがあった。息子をバイクに乗せて、近くの山肌をモトクロスのように登ったこともありました。山の上のほうには当時、牧場があったし、乳製品も売っていた。よくソフトクリームをみんなで食べたものです。
ただ、山荘を建てたときは、山水のことはまったく考えていませんでした。山水は業者がどこかの沢から引いてきたものだと思いますが、水の出があまり良くなく、突然水が出なくなったりしたことも、たびたびありありました。だから、たまに沢の取水口に足を運んで、泥や枯れ葉をとったりしたし、貯水タンクも年に一度ぐらい掃除しましたよ。水を抜いたタンクのなかに入って、タワシでゴシゴシ汚れを落としたものです」

すでに書いたように、陸恭一さんによれば、この一帯の水源を確保できたのは、御手洗さんが近隣定住者との折衝を重ねたおかげだったという。陸さんは「そのことを何度も御手洗さんから聞かされている」と口にした。

しかし、当の御手洗さんはと言えば、他の別荘地帯に水を提供したいきさつについては覚えていたものの、水源確保に関する労苦が印象に薄いのか、「水源は最初から確保されていたんじゃないかな？」と首を捻っている。

いずれにしても、陸さんの言う通り、最初にこの一帯に自分の庵を構えた御手洗さんのような存在が、その後の陸さんや私の山生活における基盤を作ってくれたことだけは否定できないだろう。

だが、しばらく家族４人で訪れていた山荘も、子供たちが成長するにつれて、いつしか夫人と2人だけの安息の場となる。その夫人もヘルパーの仕事に就いたことで、やがて御手洗さん一人だけが山荘に赴くようになった。

２００２年、御手洗さんは60歳を迎え、会社を定年退職した。彼が山生活に孤独の楽しみを見出すようになったのは、むしろここからのことである。

＊

仕事を引退してからというもの、御手洗さんは月の３分の１程度を山の庵で過ごすようになった。さっそく取りかかったのが、山荘の修復や補修である。

ベニア板を貼っただけの柱がむき出しの素っ気ない三角天井。御手洗さんはホームセンターで木製の天井板を買うと、梯子に登ってそれを数日がかりで貼り付けた。台所の床板には、水に濡れると弾力を失う粗末な既製品が使われていたが、御手洗さんは質の高い床材を用意し、それも数日がかりですべて貼り替えた。

ベランダの床板も、迫《せ》り出した屋根に守られているとはいえ、長年の風雨の影響で腐りかけていた。御手洗さんはベランダの床板をすべて剥がすと、新しい板に張り替え、それに防腐剤を塗り込んだ。ベランダの柵柱や山荘の外壁の一部を白いペンキで塗り直したのも、御手洗さんの大工仕事の一つだったという。

「そうそう。台所の鴨居に３６０度回転するワイン台が、６つほどありましたでしょ？」

夫人が思い出したように言った。

「私が久しぶりに山荘に顔を出したときなど、いつもいろんなところが修復、補修されているんです。そのとき初めて主人がやったことを知りましたが、あのワイン置きなんて、さすがに感心しました。あんなの、普通考えつきませんもの」

御手洗さんは日中の大工仕事を終えた夕方、西側に設けられたベランダに出て、そのワインのグラスを傾けながら自然との憩いの場を持つ。それが、何よりも心が休まる至福の時間だったという。

「朝は野鳥の澄んだ啼き声が耳に心地よかったし、夜は動物の気配がする。夏の夕方には甚《じん》平《べい》に着替えて、ヒグラシの幻想的な合唱に耳を澄ませていました。それがあまりにも美しいものだから、よく女房に電話しては『いま、ヒグラシがすごいぞ』と、それを聴かせていましたね。とにかく、夜はのんびりしました。夏でも夜はエアコンがいらないほど涼しいし、近くに民家もない。何の気兼ねもなく一人の時をゆったりと過ごすことができました。
　ところが、ある深夜、北側の日本間で寝ていたら、床下の隅のほうからゴソゴソと妙な気配が伝わってくる。翌朝、床下を覗いてみて、驚きました。産まれたばかりの目も見えない仔犬が４頭ほどいたんです。どうにもこうにも困りましたね。ミルクを与えて育てようにも、私はいつも山荘にいるわけではない。可哀そうでしたが、役場に連絡して引き取ってもらいました。母犬の姿はありませんでしたが、こういう山奥には、まだ野良犬がいるのかなあと、不思議な気持ちになったことを覚えています」

　御手洗さんは大工仕事の傍ら、趣味の絵画にも没頭した。山荘の西方に広がる山並みや小さく見える街の風景、それと名も知れない花などをスケッチしては、水彩画や油絵として描いた。

「傾斜地には柿の木も植えましたが、一向に実がならないので切ってしまいました。その代わり、自宅から大きくならないモミジを３本ほど持ってきて植えたり、白樺の木も４本ほど植林しました。でも、白樺はさすがにここでは育たず、全部枯れてしまいましたね。
　ブルーベリーも植えましたよ。外水道の脇にね。まだありますか？」

私はそのブルーベリーの存在を確認していない。何度か山荘の掃除や傾斜地の雑草刈りに訪れていた妻に聞くと、あっけらかんとして言った。

「ブルーベリーの木、私、切っちゃったかも」

＊

傾斜地の茂みには、鋭い棘を持つタラの木も何本か自生しており、春から初夏にかけて芽吹いてくる。この新芽はほのかな苦みと豊かな食感を持ち、山菜の王様とも呼ばれている。天ぷらにすると、よりその旨味を堪能できるという。

私はそのことを陸さんから早くに教えられていた。が、その美味にあずかったことは1回、それもたった1粒の新芽を食しただけである。一帯の野生植物を熟知する近隣の定住者が、私がいないときに採りにきているのかもしれない。

実際、傾斜地のタラの木の新芽は、毎年のように誰かによって採取されている。おそらく新芽にまで手が届かず、強引に取ろうとしたのだろう。ときにはタラの木そのものが、根っ子から無残に引き倒されていることもあった。

「私の敷地にも何本かタラの木があります」

陸さんは言った。

「いつだったか、新芽が出たので『そろそろ食べごろだなあ』と思って、畑仕事に出かけたことがありました。ところが、数時間後に戻ってきたら、その新芽が全部採られていたんです」

御手洗さんも同じような「被害」に遭ってきたという。「今日は採られてなかったね」と、夫人と食したことは何度かあったものの、その山菜の王様も、たいがいは見知らぬ人のお腹に収まった。

夫人は言う。

「主人は日曜大工こそ得意ですが、自宅ではただ座って食事の支度を待っているようなタイプです。私もヘルパーの仕事をしているので、朝・昼・晩の食事の支度が面倒で（笑）。主人が退職してからは、特にそう思うようになりました。どんな仲の良い夫婦でも、同じ空間に長く一緒にいたら会話がなくなるものです。趣味も同じだとは限りません。

ですから、主人が『明日から山で2泊ぐらいしてくるよ』と言ったときなど、私も『どうぞ、どうぞ。もっと泊まってきてもいいよ』。そう言って喜んだぐらいです（笑）。タッパーにおかずとか、ご飯とか詰め込んで、主人を山荘に送り出しました。そして、帰ってくれば帰ってきたで、『今度はいつ山に行くのかな?』と、早くも主人の山荘行きを楽しみにしたりして（笑）。

でも、おかげで夫婦の関係に波風は立ちませんでしたね。山荘は夫婦円満でいるための絶好の媒体だったと思いますよ」

＊

その御手洗さんの山暮らしも、突然の終焉を告げる。２０１５年、72歳になっていた御手洗さんは、くも膜下出血で意識不明の重体に陥った。病院のＩＣＵ（集中治療室）に搬送されたが、１週間後に意識を取り戻したとき、夫人は主治医からこう告げられている。

「手足の麻痺は治るでしょうが、言語障害は残るかもしれません。覚悟してください」

40日間の長期入院を経て、御手洗さんは退院した。奇跡的に言語障害に陥ることなく、その後は自宅療養に努めた。しかし、くも膜下出血という大病を経験してからは、独りで山暮らしを楽しむことも、再発の不安を呼ぶ材料にしかならなくなったという。他人との接触がほとんどない山暮らし。もし再発したら、それは死を意味する。

「だから、主人にはなるべく一人で山に行かせないようにしました」

その夫人の不安も、やがて緩和される。あるとき御手洗さんがポツンと言った。

「いつまで一人で山に行けるかわからないなあ。いっそのこと、山荘を売りに出して、手放そうかな」

夫人もその意見に賛成した。

「すぐに買い手がつくことはないだろうけど、売れるまで気長に待ちましょう。それまでは、私が付き添ってあげるから」

こうして御手洗さんが大切に守ってきた山荘は、2年の歳月を経て私の庵へと姿を変えた。


その後、御手洗さんはどんな生活を送るようになったのか。

「山暮らしでは、同じ山荘所有者や近隣の定住者、それと自然との豊かな交流を持つことができましたが、行かなくなるとなれば、それこそ何の交流の場も持つことができなくなる。そこで、自宅近くの料理教室に通ったり、女房の勧めで地元の卓球クラブに通うようになりました。料理教室はもちろん、料理を習う目的ではありません。あくまでも仲間との交流を広げるためです。

一人旅をするようにもなりました。昔は一人旅なんてしたことがなかったけど、これも楽しくてね。伊香保や熱海の温泉地に行ったり、長野県の安いホテルを泊まり歩くなどして、いまは山荘とは違う生活を楽しんでいますよ。大きな病気をしたから、いつまで元気でいられるかわからない。いまのうちに、別の人生を楽しもうと思ってね」

＊

取材を終えると、私は御手洗夫婦に自分の身上を打ち明けた。

実は、最愛の息子を失ったこと。それが、山奥へと自分を駆り立てたこと。最初に秘境の禅寺に籠り、それから御手洗さんが所有する山荘に辿りついたこと。息子の名前の一字をもらって、その山荘に「悠庵」の名をつけたこと。豊かな自然の息吹に包まれたこの「悠庵」での暮らしが、心揺れ動く不安定な日々のなかで、私の心を緩やかに癒し、いまも癒され続けていること……。

そして、こうした環境を整えてくれたことに、私は感謝の想いを伝えた。

「まあ、そうでしたか……」

夫人は神妙な顔付きで言葉を返した。

御手洗さんは、ただ静かに頷くと、こう小さく言った。

「それは、よかった……」

その穏やかな笑みが、私の心に温もりを運んだことを、いまでも思い出す。

「本当によかった、よかった……」

4章

国立公園内で一人暮らす仙人

大杉谷

「仙人」が住むという秘境の夜には、いったいどんな孤独が潜んでいるのか。こう勇んで入り込んできたのが、そもそもの間違いだったのかもしれない。

ある晩春の夜、私は紀伊半島の東部に位置する大杉谷と呼ばれる秘境の渓谷に、レンタカーで乗り入れていた。ＪＲ紀勢線・三瀬谷駅近くの旅館を出発したのは、19時前。灰色の朧雲に隠れる西日はまだかすかに辺りを照らし、左手には伊勢平野南部を横断する宮川が、その雄大な流れを夕景に埋没させようとしていた。

しかし、ポツンポツンと点在していた民家が見えなくなり、街灯のない狭い山道を奥へと進むにつれて、いつしか辺りは夜陰が幕を降ろし、不気味なほどの静けさが漂い始めた。

やがて、７０５０万立方メートルの総貯水容量を誇る宮川ダムの黒い湖面が、闇夜のなかにぼんやり浮かび上がってきた。その東西に長い宮川ダムを何度か横断し、「のぞきトンネル」と呼ばれる狭苦しいトンネルを通過した。ここまで来ると、辺りは秘境の色を深め、

「嵓《くら》」と呼ばれる険しい岩肌が狭い山道に張り付くように続くようになる。

窓を開けたままの車を何度か止め、自然の音に耳を澄ました。木の枝が擦れ合っているのか、ガサガサという不気味な音がときおり聞こえた。豪快な響きを伴った滝の音も、遠くから聞こえてきた。

試しに、車のライトを消してみた。途端に一点の光さえ寄せ付けない深い闇が襲いかかり、私をわずかに怯えさせた。

宮川ダム（上）とダム湖（下）

すでに眠りに就いているのか、野鳥の啼き声は何も聞こえない。虫の鳴き声さえも、ほとんど耳に届かなかった。その代わり、車のライトの先には、シカやイノシシ、タヌキのような野生動物が何度か映し出された。イノシシやタヌキは、すぐさま藪のなかへと逃げ込むが、シカは少しの間こちらを見つめた後、なぜかゆったりと逃げ始める。

それにしても……と思った。旅館を出発してから、もう2時間近くも経っている。大台町役場産業課主幹の片上高志さんが、紙に書いてくれた道順通りに車を走らせても、一向に人の住む気配が見えてこない。

ときおり、灯りらしきものが目に入ってきた。が、それは車のライトに反射した草陰に潜む野生動物の目の光だったり、山道のガードレールに設置される反射板の黄色い光だった。

その光がこちらをジッと窺う人の目のように思われ、ふいに戦慄した。同時に、読み終えたばかりの『ある世捨て人の物語　誰にも知られず森で27年間暮らした男』（河出書房新社　マイケル・フィンケル著　宇丹貴代実訳）の主人公を思い出した。

*

１９８６年、警報機設置の仕事をしていた20歳のクリストファー・ナイトは、「自分以外の世界に向けて存在するのをやめた」と、寒冷地で知られる米メイン州の湖畔の森の奥へと突如として消えた。極端なまでに周囲との関わりを断っていた家族は捜索願を出すことなく、以来、ナイトは27年もの間、誰にも知られることなく、巨岩と樹木に覆われた深い森の一角で文字通りの隠遁生活を送る。

生活必需品は湖畔に点在する100を超える別荘や施設から調達した。荒天の深夜、湖に浮かぶカヌーを拝借すると、誰もいない湖畔の別荘に入り込み、食料や調理器具、衣類、テント、防水シート、寝袋、ラジオ、電化製品、それを充電するための車のバッテリー、プロパンガス、はたまた小説や雑誌に至るまで、生活に必要なありとあらゆるものを盗んだ。

窃盗は1000件を超えた。しかし、侵入に際してドアやガラスを叩き割ることはなかった。バッグ一杯のスクリュードライバーを持参し、別荘を出るときもドアの掛け金を忘れずにかける。当然、被害は早くに知られ、別荘所有者の多くを不安がらせたが、一方で「人や物をけっして傷つけない」謎の盗賊として、ナイトの存在は別荘地内外の人たちの間で「北の池の隠者」と半ば尊敬の念を持って伝説化されていく。

なぜ、多くの人がナイトの隠棲に好意の目を向け、当のナイトと言えば、なぜこうまで極端な隠遁生活を選んだのか。

2013年の逮捕後、500件を超える取材申し込みから元ニューヨーク・タイムズ記者のジャーナリスト、マイケル・フィンケルだけを選んだナイトは、フィンケルの質問にこう答えている。

「深い考えも、はっきりした意思もなかった。言ってみれば本能だ。古巣へ戻るのは動物の本能だし、自分にとっての古巣、生まれ育った場所がその方角にあった。27年間、退屈したり寂しいと感じたことはなかった。もしも孤独が好きな人ならばあの暮らしは苦痛ではないはずだ」

だとすると、大杉谷の「仙人」も古巣帰還への本能に導かれるまま、容易に目につきにくい深い森の奥に身を潜めているのか。

*

私は車を止めると、車内灯を頼りに役場からもらった簡素な地図をもう一度調べた。地図から判断すると、大杉谷の仙人の住居には、とっくに辿りついていなければならない（結局、私の地図の見方が間違っていた）。

いまにも崩れ落ちそうな迫り出した岩肌と、その岩肌を伝ってチョロチョロと流れ落ちる山の水。そして、すくみあがるような険しい山道。これ以上進むと、戻れなくなるのではないか。ある時点まで来ると、そんな恐怖に駆られて、私は狭い山道を進んだり、戻ったりした。そのうちに、草木が鬱蒼と茂る細い道らしきものを見つけた。

車を侵入させると、そこは獣道だった。草木が覆いかぶさる湿った土に、車輪が何度か空転した。しかも、右手には断崖らしき急斜面が続いている。

これ以上進むと、本当に戻れなくなるどころか、車が横転して転落してしまうかもしれない。恐れと焦りが膨れ上がり、私は車を慎重に後退させると、ようやく山道に舞い戻った。残る選択肢はこのまま街の旅館に戻るか、侵入を躊躇《ためら》わせる険しい山道に入り込むかの、いずれかしかなかった。結局、私が選択したのは後者のほうだった。

真っ暗闇の山道の奥へと、ゆっくり車を侵入させた。しばらくして、また滝の音が暗がりのなかから聞こえてきた。「これ以上進んでも徒労に終わるだけだろう」という不安を押し殺し、さらに慎重に車を走らせた。

ようやく見つけた目的地の入り口

やがて、流木のようなもので作った門が、ライトの先の右手に映し出された。車を降りて目を凝らした。数十段の石階段の上の右側に、古ぼけた建物がぼんやりと浮かび上がっていた。石階段の左手にもデッキらしきものがある。そして、山道を挟んだその真向かいにある宮川湖の湖畔には、役場の片上さんが教えてくれた通り、いまは使われていない朽ちかけた木造の船着き場が放置されている。人家があること自体、異様な感じがするこの緘黙の地。ここが、取材する予定の人物の住まいであることに、もはや微塵の疑いもなかった。

だが、宿主がいるのかいないのか、灯りはどこからも漏れていない。宮川ダム湖の黒い水面も、沈殿したように不気味なさざ波を立てるばかりだった。

大台町役場の片上さんの言葉を思い出した。

「観光客以外、そもそも地元の人間はあそこには行かないし、わざわざ夜に入り込もうとする人なんて、あなたぐらいなものでしょう。ホント、あれは孤独な生活だと思いますよ。私？　あんなところに住むなんて、絶対に無理です」

その孤独な生活を約30年にもわたって続けているのが、「大杉谷の仙人」こと、巽《たつみ》幸則《ゆきのり》さんその人である。

＊

翌朝、私は再び大杉谷の仙人の許へと車を走らせた。大台町の中心から約40キロの道のりだが、前夜の苦心惨憺《さんたん》の内偵もあって、今度はスムーズに辿りつくことができた。

苔むした40段ほどの石段を登ると、その左手の広いデッキの椅子に巽さんが腰かけていた。紺のジーパンに黒いTシャツ、頭にはターバンを巻き、顔の下半分は白い顎鬚に覆われている。

容姿だけで判断すれば、隠遁的な仙人のようにも見える。しかし、「北の池の隠者」クリストファー・ナイトとは、性格がまるで逆のようだった。巽さんは意外なほど社交的で、私が初対面の挨拶代わりに前夜の難儀を口にすると、やや甲高い早口で言った。

「大杉谷の仙人」こと巽幸則さん

「そりゃ、そうや。そう簡単には、ここは見つけられんよ。一度、北海道から新聞記者が車で取材に来る予定やった。ところが、約束の時間になっても、一向に姿を現さない。あとで聞いたら、『いくら奥に進んでも見つからない』と諦めて、下のバス停まで戻ったというんだ。で、そこで『もっと奥に入らなければダメだ』と言われて、引き返してきた。こうして、ようやくおれの家を見つけたけど、その記者も『北海道でもこんな深い谷に沿って入っていく道なんかないですよ』と、目を丸くしていたよ」

この新聞記者の一件は、日中の話である。ましてや月明りのない漆黒の森に乗り込んできた私が、目的地を見出せずに右往左往するのは、当然の成り行きだったのかもしれない。

「昨日と今日は曇り空だけど」

巽さんが続けた。

「月夜ならライトがいらないほど、月が空の近くで輝いている。本もすらすら読めるほど明るいし、半月の夜だって読めないことはないよ。おまけに、目の下には宮川湖が見えるし、四季の移り変わりも、この大自然のなかで堪能できる。周囲16キロは誰も住んでいないし、こんな自然を独り占めできるんだから、これほど贅沢な暮らしはないよ。でも、なんかおかしいとは思わないかい？」

巽さんにそう聞かれて、私は常緑広葉樹で覆われた周囲の景色を見渡すと、次に耳を澄ました。石造りの水瓶《みずがめ》に流れる山水の音の他に、自然から聞こえてくるものは何もない。一匹の蜂が私に纏わりつく以外、虫らしきものも目につかなかった。

「そういえば、野鳥の啼き声があまり聞こえないし、蜘蛛の巣も見当たりませんね」

私は答えた。

「動植物が減っているんだよ」

巽さんが身を乗り出した。

「植物が減ったら、昆虫も食べるものがなくなって減っていくやろ。昆虫がいないから、それを食べる野鳥も蜘蛛もいなくなるし、魚も少なくなる。それもこれも、シカがこの一帯の植物をほとんど食べてしまったからや。そのシカも最近ではサルやイノシシと一緒に山を降りて、街に近づいていくようになった。害獣と言われているけど、山に食べ物がなくなったから移動しているだけなんや。

多くの人がここを緑豊かで素晴らしいところだと言うけど、このように山からの恵みが年々少なくなっているのが現状でね。本来なら野鳥がたくさん啼いているはずだし、草も30～50種類ほど生えていなければならないのに、この一帯には8～13種類の草しかない。近頃は山菜もあまり採れなくなったよ」

日本有数の豪雨地帯

巽さんが脱俗的な生活を送る山荘は、黒部峡谷、清津峡とともに日本三大峡谷の一つに数えられる大杉谷峡谷の登山道の入り口近くにある。大杉谷峡谷は奈良県と三重県に跨る標高１６９５メートルの日出ヶ岳を最高峰とする大台ヶ原を東側に下ったところにあり、原始林が生い茂る近畿の秘境として日本の天然保護区域にも指定されている。巽さんが所有する３００坪の土地も、６万ヘクタールに及ぶ吉野熊野国立公園内にあった。

「国立公園のなかで暮らすのは、おれぐらいじゃないか」

大杉谷は鹿児島県の屋久島と並んで、日本有数の豪雨地帯としても知られる。その豪雨が４月から10月にかけて集中するのも、熊野灘に発生する南東からの季節風が、大台ヶ原付近に湿ったまま停滞することで、大量の雨雲を形成するからだという。

年間の降水量は４０００〜６０００ミリ。東京都が１５００〜１９００ミリ程度で推移していることを考えると、いかにこの一帯が常識外れの雨量に見舞われるかがわかる。そして、この多雨が砂岩や石灰岩から成る一帯の浸食作用を促し、「嵓《くら》」と呼ばれる切り立った断崖や様々な顔を持つ名瀑を悠久の時を経て形成してきた。

深い滝壺で神秘的な深緑色を持つ「堂倉滝」、落差80メートルの滝が７段になっていることから「七ツ釜滝」と呼ばれる名瀑など、一帯には変化に富んだ無数の滝が存在し、巽さんの山荘から１キロほど東にも「六十尋滝《ろくじゅっぴろだき》」と呼ばれる名瀑がある。天文10（１５４１）年、御用材の搬出に伴って、この滝の上から縄を下げたところ、約60尋の高さがあったことが、この名前の由来だという（1尋は約150センチ）。

「大杉谷には主に7つの滝があって、一雨でその形相が変わってしまう。いや、滝だけじゃない。川の流れの様相さえ変わってしまうんや。おれも散歩かたがたよく写真を撮るけど、その日によって、滝や川の表情が全然違うから、まったく飽きることはないね」

＊

1948年5月、三重県の大台町で産まれた巽さんは、家庭の事情で祖父母に育てられた。巽さんによれば、明治生まれの祖父母と暮らしたことが、旺盛な自立心を育んだ要因ではないかという。

「孫だし、当然大事にしてもらったよ。でも、明治生まれだから価値観から何もかも、昭和生まれのおれとは違う。考え方のギャップみたいのをいつも感じていたね。だから、学校で問題があったり、悩みごとがあっても、おれからは何も祖父母に相談しなかったし、いつしか自分で考えて行動する癖ができたんやろう。誰にも気兼ねする必要のない、一人でいる環境が欲しいとも、子供の頃から思っていたね」

高校2年生のとき、5人の仲間とテントを担いで大杉谷に入った。以来、巽さんはこの秘境の魅力に取り憑かれたが、あるとき山の途中で方向を見失った。

「高いところからだと地理がわかるやろう」

巽さんは大木の一つによじ登った。見下ろすと、近くの草木のなかを何かがゴソゴソ動いている。登山客だろう。そう思って「すみませ〜ん！」と大声を張り上げた。

「ところが、それツキノワグマでね。みんなして逃げた、逃げた（笑）。あの頃はクマの生態も何もわからなかったから逃げたけど、いまなら逃げないね。クマは動体視力がいい。動くものには即座に反応するけど、止まっているものにはあまり反応しない。動かず止まっているのが一番安全なんや。

とにかく当時はこの一帯にもクマがたくさんいた。山に食べ物がなくなったから、いまではこの紀伊半島でも20頭ほどしかいないらしいよ。おれもここに来てから、クマには3回しか会ってない。1回は犬の散歩の途中、1回は尾根を歩いていて出会ったね。そしてもう一回は、このデッキからぼんやり湖を眺めていたら、向こう岸からクマが泳いできたんや。『おお、きた、きた』と、その泳ぎっぷりを見て楽しんだよ。そのクマ？　そのままどこか行っちゃった」

「あとの半分の人生は自分の好きなように生きよう」

１９６５年、巽さんは高校を卒業し、地元の農業協同組合（農協）に就職した。だが、高度経済成長期において、農協の給与昇給率は一般企業のそれに遠く及ばず、巽さんは「これじゃ、嫁さんももらえない」と、５年後には退職する。

次に巽さんが就職したのは、名古屋のデパートだった。「元々、画家になりたかった」という彼が携わったのは広告宣伝の仕事で、主にパンフレットやチラシなどのデザインを担当した。だが、景気の沸騰に伴って、仕事は忙しくなるばかり。休日出勤も珍しくなく、趣味の登山を楽しむ時間も必然的に限られた。

40歳のある日、妙に自分の心に強く訴えるものを感じた。

「気がついたら40歳になっていた。あっ！と思ったね。人生80年だとして、もう半分も無駄に生きてきたんやから。こうなったら、あとの半分の人生は自分の好きなように生きよう。大杉谷の秘境で山荘でも経営しよう。そう思い立ったんや」

巽さんの行動は早かった。デパート勤務を辞めると、兼ねてから目を付けていた宮川ダム発電所の空き家になっていた寮を手に入れようと奔走した。

空き家は地元の大台町ではなく、三重県が所有していた。発電システムの自動化によって無人状態が続き、建物自体がすっかり老朽化している。県のほうでも早く撤去したい物件だったという。

そこで、町役場との交渉の結果、まず大台町が三重県からその寮を払い受けることになった。さらに、巽さんが大台町に所有する畑と交換する形で、その寮の所有権利を巽さんに移行させるという案が練られた。

思い立ってから丸４年。１９９２年、敷地約３００坪、延べ床面積１００坪を超えるその寮が、こうして巽さんのものになった。44歳のときである。

「でもな」

巽さんは苦く笑った。

「この地に住むと決めたときは、そりゃ、周囲から猛反対されたよ。『バカなことするな』『どうやって食っていくんや?』ってね。おまけに建物は腐って、至るところ穴だらけ。瓦屋根もふき替えたし、修繕だけで７００万円近くかかったかな。お金? 仕事を辞めたときの退職金に加えて、親からも少し借金したけど、お金には代えられない自由が、ここにはある。人間は生きていく限り、どうしても社会の一員にならざるを得ないけど、誰にも邪魔されず一人でボ〜ッとできる居場所もないと、人間らしく生きていかれんのだと思うよ。孤独という言葉がそれを意味しているのなら、それは素晴らしいことやね。

ただ、安らぎの空間がない孤独、一人でボ〜ッとできる場のない孤独は、心が落ち着かないし、どんどん自分を苦境に追い詰めていくだけじゃないかな。おれの場合、けっして引きこもりなんかじゃないし、人との交流も大事にしてきた。『一人で淋しくないですか?』とよく聞かれるけど、全然淋しくなんかない。好きでここにおるんだからね。ここの素晴らしさを、多くの人に分けてあげたいと思ってるぐらいや」

*

「大杉谷山荘」。これが、巽さんが大杉谷で始めた宿泊施設名である。もっとも、大杉谷山荘は登山客の宿泊のためというより、むしろ「駆け込み寺」的な機能を果たしたという。

当時、大杉谷渓谷を経て大台ヶ原に向かう登山客は、登山道入り口の8キロほど手前にあるバスの終着駅から宮川湖を船で横断して、登山道の入り口まで辿りついていた。

渓谷を経て大台ヶ原に至るその途中には、登山シーズンにのみ営業する宿泊用の山荘があり、ほとんどの登山客がそこに泊まる。しかし、下山客のなかには帰りの船の時間に間に合わなかったり、怪我などのアクシデントで休息を要する者も出た。巽さんの大杉谷山荘は、登山客に関して言えば、そういう人たちの緊急避難場所として主に使われたという。宿泊費は一泊2食付きで5500円。素泊まり3000円。

「日銭を稼げればいいという感じでやっていたからね。それでも、登山とは関係なく、世間のしがらみや義務から解放されたいと思う人たちが、口伝えでけっこう集まってきた。世間で言う変わり者、一匹狼的な人たちやね。

おれもよく相談されたよ。『上司とうまくいかないし、いっそのこと独立しようかと迷っている』と持ちかけられたときは、『さっさと独立せい』とアドバイスしたし、『トラブル続きで部下からいろいろ相談されるし、休日でも心が休まらない』と、ここに逃げてきた会社のお偉方もいたよ。結局、上司と連絡がつかないから、自分たちで対処するしかなくなった部下が、逆に育った。面白いもんやね。

なかには、哲学的な難しい本を読みたいけど、下界にいては意味が理解できないと、わざわざ本を読むためだけに泊まりに来る人もいた。ここで読むと、しっかり理解できるんやって。電力会社から電線を借りて、固定電話をつけていた頃は、京都に住む人から『いまから行っていいですか？』と、よく電話がきたね。『何しに来るの？』『寝に行くんですよ』。ようするに、家だと眠れないけど、ここでは熟睡できるんやって。

たしかに、ここは不思議な霊気に溢れている。霊能者も何人か訪れたけど、みんな『ここはパワースポットだ』と口を揃えたよ。だから、ここの強い磁場と波長が合わない人は、逆に入り口の門から一歩も入れない。磁場のパワーに圧倒されて、あの石段を登れなくなるんやね。何人もそういう人がいたけど、あなたはスッと登ってきたね。ここの磁場と波長が合うんやろう」

一時的にせよ、世のしがらみから隠遁し、大自然のパワーを得て、下界へと降りる宿泊者たち。彼らが大杉谷山荘に集まるのは、年間の３分の１程度で、巽さんは残りのほとんどをこの地に独り留まってきた。

その巽さんの静かな生活に、ヤギ５頭と犬６頭、３匹のネコ、それにアヒル５羽とカモ２羽がしばらく寄り添った。犬は山に残された猟犬や捨て犬で、獣除け兼友として飼った。ヤギは雑草の「天然草刈り機」として、ネコはネズミ退治用、アヒルとカモはその卵を食べるためだった。ヤギや犬、アヒルとカモがいなくなったいま、巽さんと同居しているのは２匹のネコだけである。

「ところが」

　と、巽さん。

「野生のシカが草を食いつくすもんだから、そのうちヤギの出番がなくなってきたんや。逆に、ヤギの食う草が不足してきてね。おかげで、軽トラックに乗って、下のほうまでヤギ用の草をとってこなくちゃならなくなった。いま思うと、その手間暇がけっこう難儀やったなあ」

　だが、この程度の難儀なら、まだ笑い話で済ませることができる。けっして笑うことのできない大難儀が巽さんを襲ったのは、彼が大杉谷に移り住んだ12年後。２００４年９月29日のことだった。

台風21号

　２００４年９月22日、グァム島の西海上で発生した台風21号が、東シナ海を北西に進み、それから沖縄列島に沿うように進路を北東に変えて鹿児島県に上陸したのは、同29日の８時すぎのことである。

結果的に沖縄県から東北地方にまで被害が及び、計26名の死亡者を出したこの台風の影響を最も強く受けたのが、三重県、それも宮川村（現・大台町。２００６年、大台町と合併）である。

29日の未明には早くも台風前線の余波をまともに受けた。宮川村では１３０ミリを超える最大１時間降水量を記録し、連続雨量（雨の降り始め時刻から降り終わり時刻までの累積雨量）も、１０００ミリ超を観測した。名古屋や大阪などの年間降水量とほぼ同じ降水量に、たった半日にして見舞われたその被害の大きさは、想像を絶する。

宮川の流域一帯に多発した洪水や土石流、斜面崩壊が、宮川村民の生活を呑み込み、７人の死者を出した。役場は急きょ災害対策本部を設置し、宮川村全世帯の強制避難を敢行した。まだ九州の上空にあった台風21号が、三重県を直撃したときの二次被害を想定したものである。が、一人の村民の安否だけが一向に確認できなかった。

「大杉谷の巽さんです」

当時、大台町役場で防災担当に就いた片上高志さん（前出）は言う。

「電話も繋がらないし、大杉谷への道も土石流や崩落で完全に塞がっていました。ヘリコプターも飛ばしましたが、人影さえ見当たらない。ホント、もうダメかと思いました」

その頃、巽さんはどうしていたのか。

「豪雨が収まったから外に写真を撮りに行ったんや」

巽さんは他人事《ひとごと》のように言った。

「そりゃ、もう土石流やら斜面の崩壊がひどかった。橋は見えない、3メートルほどある標識の看板も、すっかり埋もれて見えなくなっていたからね。橋なんてきっちり流されたと思ったわ。ところが、あとで流されず、土石流に埋もれていたのがわかった。日本の土木技術は大したもんだと感心したよ」

しかし、災害対策本部はそれどころじゃない。唯一の頼みの綱として、片上さんは非常用の衛星無線に連絡を入れた。本来、非常無線は巽さんの家から8キロほど街寄りにある登山センター内に設置されているが、登山客などの非常事態に備えて、巽さんに管理を任せていたという。これが幸いした。

何度か無線に連絡を入れると、巽さんが出た。

「大丈夫ですか？」

片上さんは真っ先に安否を尋ねた。

「全然平気や」

巽さんはあっけらかんとして答えた。

「すぐに下の自然学校に避難してください」

「別に避難なんかせんでええよ」

「ダメです。すぐ避難してください」

「いやや」

押し問答が続いた。そのやりとりに業を煮やした村長が、無線を片上さんから引き継いだ。

「これは命令です。いくら拒否しても警察とか消防隊が乗り込んで、強引に連れていきますからね」

この村長の有無を言わさぬ一言で、巽さんは「じゃ、わかった」と、渋々ながら避難勧告に従った。

指定された避難所に向かって、巽さんは土石流や地滑りで埋まった山道をよじ登るようにして歩いた。２時間かけて避難場所に辿りつくと、待機していたマスメディアが巽さんを取り囲んだ。

「命の危機は感じましたか？」

「いや、ぜんぜん」

「恐ろしくなかったですか？」

「別に」

拍子抜けした受け答えに、マスメディアの面々は何も聞くことがなくなった。

「夕方のニュースに間に合うように、おれを待っていたんだろうけど、これじゃ、ニュースにならんのも無理はないやろうな。『怖かったです』『死ぬかと思いました』とでも答えていれば、よかったかな（笑）」

巽さんにとって、避難はあくまでも「社会の一員」として果たした、最低限の義務行為にすぎない。翌日、二次被害の可能性が低いことがわかると、さっさと避難所を出て、大杉谷の山荘に舞い戻った。

片上さんはやや呆れ顔ながらも、感心したようにこう口にしている。

「巽さんの家から下流のほうの宮川流域が、１週間ほど孤立状態に置かれていました。その間、食料などは地域の村民が持ち寄って、炊き出しをしながら何とか乗り切ったんです。巽さんの場合は、山荘を経営していたし、食料もあったんでしょう。お風呂も元々ドラム缶風呂なので、ガスがなくても入れる。あんな大被害を受けたのに、飄々《ひょうひょう》としてまた山に帰っていくんだから、つくづく仙人みたいな人だと思いましたよ」

巽さんは完全に「孤島」と化した大杉谷の山荘に独り留まり、しばらくランプ生活を送った。しかし、一帯を呑み込んだこの台風豪雨によって、その生活は方向転換を余儀なくされる。巽さんがいる宮川上流一帯は通電やガスなどのライフラインが完全に遮断され、大杉谷渓谷の登山道も完全封鎖された。

「しかも」

と、巽さん。

「この木造２階建ての山荘は宮川ダムが完成した昭和32年に建てられたから、すでに築60年以上にもなる。そもそも地震に襲われたとき、一番危ないのが、築50年以上の木造２階建てだと言われてるんや。おまけに台風の浸水で、床はベコベコに浮き上がるし、部屋はゴミだらけ。とても宿泊施設でやっていけないし、もう山荘経営はやめとこと思ったんや」

「おれは貧乏や。けど、お前らよりは贅沢しとるぜ」

記録的な豪雨が山荘経営を破綻させた４年後の２００８年、60歳になった巽さんは年金暮らしを始めた。封鎖された大杉谷の登山コースも、台風の６年後には一部開通し（現在は完全開通）、その前後から町役場や観光協会などの依頼を受ける形で、「小銭稼ぎ」ながら山岳や登山に関するセミナーやガイドなどのアルバイトも始めるようになる。

以来、巽さんは買い物やアルバイトで街に降りる以外、大杉谷の大自然のなかに独り身を埋めてきた。外部との通信手段は、郵便と携帯電話のみ。しかし、郵便物は8キロも離れた登山センター内の巽さん専用の郵便ポストまで取りに行かなければならず、携帯電話も大杉谷では電波が届かない。巽さんは所用で街に降りるたび、着信履歴や受信メールを確認し、そこから連絡を取るしかなかった。

その巽さんの仙人のような暮らしに興味を惹かれ、マスメディアもたまに巽さんを大杉谷に訪ねた。しかし、なかには「年金暮らし」という言葉に、「年金ですか……」と、興味喪失の色をあからさまに滲ませるマスメディアもいたという。

「定年退職して年金を頼りに田舎暮らしをする人間と一緒にされちゃかなわんよ。おれが自給自足の貧乏仙人であってほしかったんやろう。たしかにおれは貧乏や。けど、お前らよりは贅沢しとるぜと言いたいよ。いまの時代、豊かさを何でもお金や物に換算する人間ばかりや。ホントの豊かさとは心の豊かさであって、お金じゃないんだよ。六本木の超高級マンションなんかに住みたいやつの気がしれんな。そんな金があったら、山でも買って、そこで動物や虫たちとのんびり暮らしたほうがはるかに贅沢や」

野生動物が少なくなったとはいえ、いまでも夜になると、シカやイノシシに加えて、ハクビシンやテン、アライグマなどが出没する。巽さんによると、食料を求めて里に降りた彼らを捕獲した人間が、山に捨てにきているのではないかという。

「街のホームセンターで捕獲用の網が売ってるけど、『捕獲したら山に放しましょう』という但し書きが付いとるからね。特にアライグマは手を使って悪さをする。おれもつい先日、仕掛けの箱でアライグマ2匹とハクビシン3匹を捕まえたよ。すぐに山に放したけど」

山荘を経営していた頃は、立派な角を持つ大きなシカを7年越しで手《て》懐《なず》けたこともあったという。早朝いつも、巽さんを門のところで待っている。散歩に出かけると、その後をゆっくりついてきた。巽さんが調達してきたヤギ用の草も食べさせたが、やがて仲間のシカも四方八方から集まってきて一緒に食べるようになった。

「そのうちそのシカは触れるぐらい、おれに懐くようになったんや。角を握って、押し合いへし合いの相撲をとったこともあったよ。いつもおれの近くにいるもんだから、たまたまこの辺にドライブにきた人が、驚いて『シカがいますよ』と言ってきたこともあった。『知ってるよ』『シカを飼ってるんですか?』『飼ってないけど、おれのこと、よく知っとるシカなんや』。かと思えば、登山にきた人が、『いま白いシカがいました』と駆け込んできたこともあった。『いや、おれんところのヤギなんや』。シカとヤギの区別もつかないんや（笑）」

実は、その巽さんさえも戦慄させた野生動物を巡るある奇怪な出来事が、この大杉谷の秘境に残されている。

絶滅動物？との遭遇

前記したように、巽さんはかつて、ヤギ5頭と犬6頭、ネコ3匹、アヒル5羽、カモ2羽を生活の友としていた。犬はほとんどがオスだったが、人間と同じく、犬同士でも気が合う犬と気が合わない犬がいる。そのため、巽さんは気が合う犬同士を2〜3組に分け、それぞれ別個の散歩に出かけていたという。

1994年9月のある日のことだった。その日も犬たちのグループ散歩に出かけた巽さんは、山荘に近いトンネルのなかをウロウロする1頭の犬らしきものを目にした。

引き連れる犬の1頭が逃げたのだと勘違いした巽さんは、

「おい、戻れ！」

帰り際に声を張り上げた。

ところが、その犬らしき動物は警戒したように歩み寄るものの、けっして接近することがない。よく見ると、自分が飼っている犬ではなかった。

「こりゃ、犬じゃないな」

巽さんはそう直感した。

「第一、歩き方が犬とはまるで違うんや。キツネのようにピョンピョン跳ねるように歩く。犬たちも自分とは違うと感じたんやろう。けっして近くに寄らなかった。それでもその犬のような動物は、犬たちから少し離れて一緒についてきたんや」

以来、その犬らしき動物は巽さんの山荘の敷地内に住み着いた。いつも周囲を見渡せる一番高いところに陣を取り、巽さんが犬たちの散歩に出るときは、少し離れてついてきた。

わかったのはメスだということだけである。ただし、他の犬は依然としてその動物に近寄ることはなく、いつも遠巻きに見つめるだけだった。そのうち巽さんの目に、歩き方以外にも犬とは違う別の側面も見えてきた。

「ウンチの仕方も違えば、尻尾を振ることもない。ワンワンとも絶対に吠えないし、他の犬のように走り回ることもないんや。それに犬よりも首が長い。そのため、首の辺りに首輪をしたような毛の段差がついていた。爪も異様に長く突き出していたな。これも明らかに犬とは違っていたよ。

おれに対する警戒心も半端なくてね。写真やビデオを撮ろうとしたら逃げ出すし、何とか手懐けようとしたけど、こいつの警戒心だけは筋金入りやった。日が経ってだいぶ慣れてきたといっても、頭を撫でたりするのは無理やったね。いつも3メートルぐらいおれとの距離を保っとったよ。おれが一歩、近づくと、一歩下がる。おれが一歩退くと、一歩近づく。その繰り返しで、けっして3メートル以内に距離を縮めようとしないんや」

かと思えば、凶暴な一面も覗かせた。あるとき、巽さんは他の犬をすべて部屋に入れ、その動物だけを外に放置した。すると、猛烈な勢いで何度も戸口に体当たりしてきた。

その動物だけを山荘に入れたこともあった。そのときは室内に飾っていたシカの毛皮が粉々に引き裂かれ、食堂にあった缶ビールの空き缶までも細かく噛み砕かれていた。

巽さんが本当の意味で、背筋を凍らせたのは、ある月夜、ドラム缶風呂の湯舟に浸かっているときだった。

突然、「ウォ〜ン」という野太い遠吠えが、大杉谷の一帯に轟き渡った。

「ありゃ、オオカミや……」

さすがの巽さんも、恐怖心を抑えられなかった。

「ホント、ゾクッとしたわ。気持ち悪いのなんのって。誰もいない夜にあの遠吠え、聞いてみぃ。誰だって背筋が凍るわ」

その「オオカミ」も１か月ほどして、巽さんの前から忽然と姿を消した。

*

ニホンオオカミは環境省のレッドリスト（絶滅のおそれがある野生生物の種のリスト）によって、絶滅種に認定されたイヌ科の野生動物である。太古より19世紀にかけて、南は九州から北は東北地方にかけて広く分布していたが、明治38（１９０５）年の１月、奈良県吉野郡小川村鷲家口《わしかぐち》（現・東吉野村小川地区）の山中で捕獲された若いオスが、最後の棲息情報として記録されている。

「一般社団法人　日本オオカミ協会」によれば、絶滅の要因はおよそ以下の５つにまとめられる。

①明治時代のシカやイノシシなどの乱獲で、オオカミの食物が少なくなり、数が減った。

②乱獲により餌動物が少なくなり、馬など放牧家畜に被害を出して駆除された。

③文明開化にそぐわない野獣という政策的な理由で駆除された。
④オオカミの毛皮や骨肉は価値（骨は民間薬）が高かったので、換金目当てに乱獲された。
⑤イヌからの伝染病に罹《かか》った。

＊

「オオカミが最後に捕獲された東吉野村は、この山（大台ヶ原）の裏側にあるんや」

　巽さんが説明する。

「ということは、この一帯にオオカミがいたということになる。そこで捕獲されたオオカミが最後で、それ以降は絶滅したと言われるようになったけど、それじゃ、こんな深い山を全部調べたのかと、おれとしては言いたいんや。登山できるようになったのも、昭和に入ってからだし、ここはそれほど雨が多く、霧も発生する険しい山なんだよ。

　幕末から明治にかけて北海道を探索し、アイヌ文化を伝えた登山家の松浦武四郎って知ってるやろ？　松浦はここの出身（松阪市）で、一度奈良県側から大台ヶ原を目指したことがあった。けど、険しすぎて結局踏破できなかったんや。それほど険しい山のなかを探しもせんで、オオカミは絶滅したと宣言するのはおかしいと違うかな」

巽さんは1か月生活を共にした「オオカミ」を、何とかカメラやビデオに収め、「あの気味の悪い」遠吠えの録音にも成功していた。

さっそくその資料を地元三重県の動物研究者に送った。研究者は大杉谷を訪れることなく、ただこんな返事を送ってきた。

〈オオカミは絶滅しました。犬とキツネとでは雑種は生まれませんし、おそらく野犬かと思われます〉

あまりにも気抜けした返答に、巽さんは意地になった。知人の紹介で他の動物研究者を方々探した挙げ句、行き着いたのが哺乳類動物研究の第一人者と言われる学者だった。

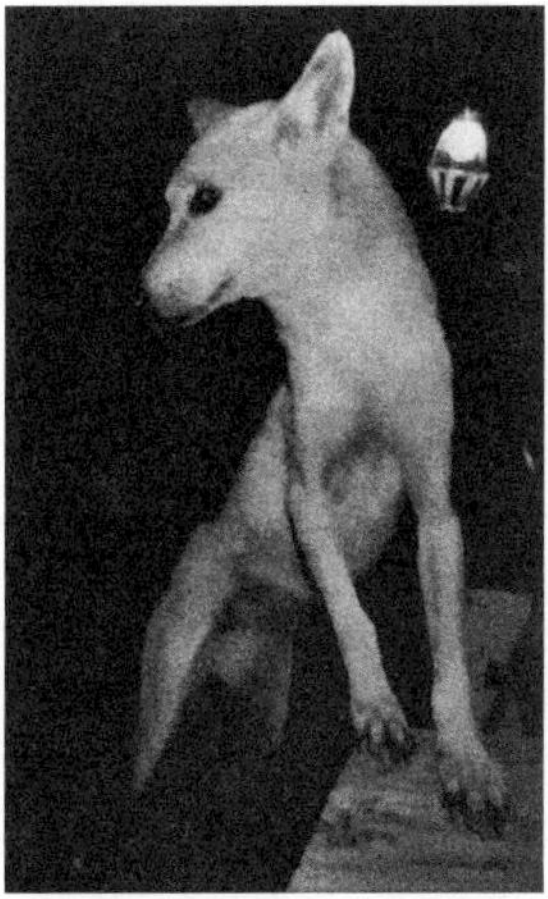

巽さんが撮影した「オオカミ」の写真　『怪奇秘宝「山の怪談」編』（洋泉社MOOK）より

「ところが、その先生は老齢で、とても大杉谷まで足を運べない。ただ、手紙が届いて、『私がもう少し元気なら詳しく研究したかった』と悔しがっていたし、『今後も見つかる可能性があるから、資料だけは大事にとっておいてください』とも書いていたよ。その後、その第一人者の息子の学者が、ここを訪れて興味深いことを言ったんや。オオカミと犬のハーフの可能性もある。ということは、父親か母親のどちらかが純粋なオオカミという可能性が高い……と。『だからすごい証拠なんですよ』と、その若先生も言っとったよ。おそらく発情期に子孫を残すために交尾にきたのだろうが、犬たちが警戒して近寄らなかった。それで、諦めていなくなったのだろうとも言っていたね」

だが、大杉谷に出現したこの「オオカミ」に関しては、その後の研究は急に尻すぼみになる。オオカミ騒動から10年ほど経った頃、興味を持った一人の研究者が大杉谷の巽さんを訪れ、「これは十分に調査する価値のあるものですから、また伺います」と言い残して山を降りたが、それ以後、何の連絡もない。

「オオカミがいようがいまいが、ここの生活は手放せないな」

巽さんは笑った。

「日本一の秘境や。見てみぃ。緑が美しいやろ? ここは谷筋だし、水分が多いから常緑樹が多い。黄色に色づく黄葉なんて、どんなに台風でダメになっても、春になると必ず新緑が芽生えるからね。去年も台風で停電して、２週間もランプ生活した。それでも、この景色があるからぜんぜんへっちゃらやった。

よく大杉谷はいつが一番いいか?と聞かれるけど、おれは4~5月がいいと答えてるんや。桜が散ってモミジが芽吹く頃からホントに綺麗な自然が広がる。赤いのもあるし、黄色のも、オレンジ色のもあるし、色彩が豊かなんや。それがどんどん色を変えて、最後には緑になるけど、その色彩の移り変わりを眺めるのが、何よりも気持ちいい。おれは、死ぬまでここにいるつもりだよ」

巽さんのねぐらのテント

＊

腕時計を見た。針が午後の2時を指していた。広いデッキの上で、私は巽さんと4時間も向き合っていたことになる。

デッキは20畳ほどの広さだろうか。宮川湖に面した横に長い作りをしている。中央に大きな木製テーブルと長椅子があり、西側の隅のほうには山水が流れ、その傍に小さなテントが設置されていた。

春から夏にかけては、たびたび豪雨に襲われる。冬は積雪こそ少ないものの、強風が吹き荒れると、杉の枝葉が擦れ合い、悲鳴のような雄叫びを上げる。巽さんはよほどの悪天候でない限り、このテントを自分のねぐらにしているという。

「おしっこかい？」

私が立ち上がると、巽さんが聞いた。

「それなら、その辺でやったらええ。おれもいくわ。おしっこは自然に返すのが一番なんや」

台風21号で曲がった標識

苔むした石段を降り、2人で草むらに放尿した。

その足で、巽さんが近辺を案内してくれることになった。巽さんが小型バイクで先導し、私がレンタカーでそれに続いた。最初の行き先は山荘から2キロほど上流にある大杉谷渓谷の登山道の入り口だったが、その途中の橋で巽さんがバイクを止めると、

「台風の傷跡や」

そう言って指を差した。

土石流や斜面崩壊が川底を埋め尽くし、分厚い鉄のガードレールがぐにゃりとひしゃげていた。山道沿いに立つ高さ3メートルほどの鉄柱の標識に目をやると、真ん中あたりでぐに

やりと曲がっている。生々しい台風の傷跡が、いまだそこに残されていた。私は２００４年９月下旬の台風の猛威を改めて想像するしかなかった。

その後、私たちは渓谷の登山道入り口に到着した。長い石段を登ると、その先に迫り出すような岩肌に沿って、大台ヶ原へと続く細い道が続いていた。滑落防止のための鎖が岩肌に沿って打ち込まれている。すでに古希を迎えた巽さんが鎖に頼ることなく、その登山道をスタスタと歩き出し、巽さんより９歳若い私は鎖にしがみつくように恐る恐る歩を進めた。

「滝にいこか」

巽さんに促され、次に私たちは六十尋滝に向かった。前記したように、山荘から１キロほど東にある名瀑である。

「よく、この滝に遊びにくるんや」

到着すると、巽さんが言った。私たち以外に人影はない。

「観光客がこの滝を眺める場所は、だいたい決まっている。けど、一つの滝にもいろんな顔があってね。それを見ないと、もったいないよ」

巽さんが軽業師のような足取りで、ゴロゴロ転がる石の上を歩き出し、私もよろめきながらその後を追った。

六十尋滝。かつて測ったときに落差が90メートル（六十尋）あったことから

六十尋滝の正面に立つ。それは勇壮な響きを残して滝壺に激しい水飛沫をあげていた。が、立ち位置を東に大きくずらすと、それは勇壮ながらも優雅な滝の流れの曲線美を映し出している。

滝の飛沫を全身に浴びながら、巽さんが大声で言った。

「天然のマイナスイオンや。都会の人はマイナスイオン生成器なんていうものも買ってるらしいけど、ここではそんなもん必要ない。十分すぎるほどのマイナスイオンに溢れてるんやから」

＊

その巽さんに、私は聞きあぐねていたことがあった。

「ご結婚は？」

私の言葉が滝の轟音にかき消され、巽さんが「えっ？」と顔を向けた。私はもう一度、今度は声を張り上げて、同じことを聞いた。

「しとったよ。けど、山に入る前に別れた」

「お子さんは？」

「娘と息子がおるよ」

「子供たちが大杉谷に来たことは？」

「来たことはない」

巽さんが飄々と答える。

「第一、会ってないからな」

それから背を向け、再び石の上を跳ねるように歩き出した。

その後ろ姿を見て、なぜかまた、クリストファー・ナイトのことを思い出した。窃盗を繰り返しながら、27年間たった一人で森のなかに暮らした彼は、出所後も家族に引き取られたまま誰にも心を開かなかったという。カウンセラーやセラピスト、周囲の人たちが、なんとか社会に適応させようと、しきりとナイトを子供に接するように説得した。

「僕は四角い釘なんだ。会う人みんなに、たたかれて、打たれて、丸い穴にねじこもうとされる」

　これが、ナイトの内的な反応だった。

　しかし、あるとき一瞬だけ心を開き、感情を吐露する。ただ一人取材を許したマイケル・フィンケルに、ナイトは死への憧憬を暗示する言葉を残すと、こう口にして涙を流したという。

「何かを手放さなくてはならない。そうしないと、何かが崩れてしまう」

　フィンケルはこうしたナイトの姿に何を感じ、何を思ったのか。

　ある米国雑誌のインタビューで、彼はこう答えた。

「私はときどき、例えば車を運転していて、後部座席の3人の子供が喧嘩をし、約束の時間に遅れそうで、渋滞は動かず、ラジオが嫌なニュースをがなりたてているようなときに、こんな強烈な思いにかられます。おかしいのはナイトではなく、私たちのほうではないかと。なぜナイトが社会を離れたかではなく、なぜ我々はそうしないのかと問うべきなのかもしれません」（訳・北村京子）

　遠ざかる巽さんの背中は、たしかにその答えを知っている。

5章

独り在ること

自然ほど優しいものはない

秘境の禅寺と山荘「悠庵」。この2か所の山暮らしにおいて、本当の意味で「自分の居場所」だと思えるのは、やはり悠庵のほうである。

留守番で訪れる禅寺は、たしかに「独り在ること」のできる時間を私に提供してくれる。自然の壮大さも悠庵の比ではないが、ときに参拝客の相手をしなければならず、何よりもラブラドール犬たちを守らなければならない。

仔犬の1頭は２０１７年の秋、他家に貰われていった。しかし、翌18年の3月に母犬が新たに11頭の仔犬を産み、禅寺で暮らすラブラドール犬は計14頭にもなっていた。

仔犬たちは邪気のない愛らしさで私の心を和ませてくれた。その一方で、手に負えないほど奔放なヤンチャぶりも発揮した。

日に3度のリードなしの散歩では、必ず2〜3頭が姿をくらます。短くても30分、長いときは3時間以上もいなくなった。車で方々探し、ようやく山の下のほうで「捕獲」したこと

11頭の仔犬たち

もあれば、懐中電灯を頼りに真っ暗闇の山中を散々探しまくった挙げ句、諦めて禅寺に戻ったところ、尻尾を振りながら私の帰りを待ち受けていた、ということもたびたびある。

　真冬日のある日、他の留守番ボランティアとバトンタッチする形で禅寺を訪れると、住職の家が糞尿だらけで足の踏み場がなかったこともあった。溜め息しか出ないその汚濁の光景は、私に留守番を引き継いだボランティアスタッフが、犬たちにドッグフードだけを与え、散歩に連れ出していなかったことを物語っていた（私が禅寺に到着したとき、そのボランティアはすでにいなかった）。

　このとき、犬たちの大歓迎で糞尿にまみれた私は、かじかむ手で雑巾を絞りながら、２時間以上もかけてようやく部屋の掃除を済ませている。

　犬たちはたしかに愛おしい。心に微笑みも運んでくれる。その犬たちや禅寺を何としても守らなければならない。その想いが、私を妙に疲れさせた。

＊

もっとも、私を一番疲弊させたことと言えば、それほど懇意ではない人たちとの着飾った交流のほうだったかもしれない。

おそらく秘境でのんびりしてもらいたいという住職の善意だったのだろう。留守番で禅寺を訪れると、住職と親しい宿泊者がいて、住職も外出を取りやめていたということが、何度かあった。

住職は彼らと一緒に泊まっていくよう、いつも私に勧めてくれたが、私は、彼らとの雑談に少し興じるだけで、いつも逃げるように悠庵へと車を走らせていた。

独りでいることを何よりも求めるが、他人には人一倍気を遣う私の葛藤する性格が、こうした逃避欲求を喚起させているのかもしれない。

思い出すのは、２０１９年６月中旬のある日のこと。住職から電話が入った。

「Ｈさんがいらっしゃってるんですよ。会いたがってますから、ぜひ泊まりにきてください」

Ｈさんは性格温厚にして、物静かなタイプである。社交的とは言えない私が心を許す、数少ない禅寺の訪問者だった。

そのＨさんが会いたがっているのなら——。

たまたま悠庵に留まっていた私は、さっそく禅寺に車を走らせた。

ところが、待っていたのは住職とHさんだけではなかった。見知らぬ中年男性――仮にCさんとしておく――、それと子供2人連れの見知らぬ4人家族もいた。

さっそくCさんが用意した食材で、肉鍋をやることになった。物置を改造した8畳程度の小屋で計8人が鍋を囲み、大人たちはアルコールのグラスを傾けた。

酔うほどに、場が盛り上がっていった。ほんのり酔っていたとはいえ、私一人だけがどうも場に馴染めなかった。

いまだ残る亡き息子への喪失感に加え、集団行動を苦手とする元来の性格も起因していたのか。この場にいることが、むしろ苦痛に思えた。

深夜が迫り、ようやく宴会がお開きになった。Cさんはそのまま子供の一人と境内の隅にある露天風呂に入り、私はそれに面した本殿の大広間で横になった。

露天風呂でCさんと子供が戯れていた。2人のはしゃぐ大声に、しばらく眠りにつくことができなかった。

イライラ感が私に付き纏っていた。虚しさも心を覆った。息子を失ってしばらく彷徨《さまよ》い続けた出口の見えない暗鬱とした迷路に、再び迷い込んだような気がした。

翌朝、私は熟睡できないまま、早い時間に目覚めた。ウツっぽさが私の心を暗くしていた。私は気分直しに犬たちを散歩に連れ出した。それから住職やHさんたちにお礼を言って、早々に禅寺を引き上げた。

以来、私はしばらくこの秘境の地を訪れていない。

＊

最愛の息子を亡くしてから、私は本業の取材・執筆活動から離れた。ようやく本業を再開したのは、息子を失って半年後。山荘「悠庵」を購入したばかりの頃である。

この時期の本業の再開は、私にとって思いもよらないことだった。なぜなら、息子の闘病期において、私は奇跡的な治癒を信じようとしてきた一方で、つねにこんな想いに付き纏われていたからである。

〈もし息子がこの世からいなくなったら、自分はどうしたらいいのか……〉

選択肢は2つあった。一つは誰もいない未踏の地、できればインドやチベットの秘境の奥地で、余生を隠遁的に過ごすこと。もう一つは、手っ取り早く自ら命を絶つことだった。

その私がチベットの奥地に入ることなく、いまもこうして生きている。それだけではない。

執筆の仕事まで再開しようとしているのだ。「早く息子の許にいきたい」という厭世的な想いには依然として取り憑かれていたものの、元の仕事に戻れたこと自体が、私には意外でならなかった。

＊

本業の第一歩は宗教者同士の対談を纏めることだった。ホスト役の対談者は、息子の死の間際まで私たち父子に寄り添い、その後の私にも寄り添ってくれたシスターである（１章参照）。

彼女はシスターでありながら、ほとんど宗教を超越した存在だった。言葉少なに語るその一言一言の重み。一切の価値観を受け入れ、かといって何にも偏ることのない、その存在の抱擁性……。無垢であることの美しさ、清らかさを、私に実感させてくれた人は、彼女の他にあまり知らない。

その彼女の対談者として見合う宗教家が、はたしているか。担当の女性編集者と調べた結果、ある僧侶が候補として挙がった。仮に、Ｂさんとしておく。

Ｂさんはインドやミャンマーなどで修行を積んだ。心の深層への絶え間のない内観によって、あらゆる煩悩から解脱できるとする仏陀の実践心理学に傾倒し、それを日本に紹介した僧侶でもある。

「価値判断しない」「反応する心を手放す」――。簡単に言うと、これが教えの中核である。

「このお坊さんなら対談者として適任でしょう」

編集者と私の意見は、即座に一致した。

＊

対談場所はシスターが住む修道院だった。Bさんと女性編集者とはその修道院の入り口で待ち合わせることにしたが、私は約束の時間より30分ほど早く到着した。

2人の姿はまだない。私は近辺を少しぶらつき、ついでに物陰に隠れてタバコを1本くゆらせた。待ち合わせ場所に戻ってくると、作務衣姿のBさんと編集者がそこに立っていた。

Bさんと私はお互いの名刺を交換し、そのまま挨拶代わりの雑談に入った。が、和やかな雰囲気も長くは続かなかった。ものの30秒も経たないうちに、Bさんがクンクンと鼻を動かし、アッというまに表情を険しくさせた。

「私はタバコを吸う人とはお付き合いしません！」

その一瞬の〝反応〟ぶりに、最初は何が起きているのかわからなかった。キョトンとする私に、Bさんが鬼の形相で畳みかけた。

「なぜタバコを吸うんですか!?」

「なぜ？」と聞かれても、答えようがない。ヘビースモーカーではないものの、私は昔からの愛煙家である。

しかし、ここで私もつい〝反応〟してしまった。

「厭世観があるからでしょう。息子を亡くしたばかりだから」

厭世観と喫煙には、何の因果関係もない。Bさんの豹変ぶりに、一瞬にして想起された私の反発心が、「厭世観」という言葉の反撃を生んだのにすぎなかった。そして、この「厭世観」という言葉が、Bさんの新たな反応を生む。

説教が始まった。私はまるで悪夢を見ているような想いで、その猛威に晒されていた。Bさんの圧力を感じる以外、何を言われたのか、ほとんど記憶にない。

「タバコはあなたの健康の問題だけじゃない。周りの人が迷惑するんです！」

覚えているのは、このフレーズだけである。

Bさんの説教は10分ほどで収まった。私たち3人は対談のため、修道院に向かった。その途中で女性編集者がバッグから口臭止めの飴を取り出し、私にソッと手渡した。

私はその飴を無造作に口に放り込んだ。こんな苦い想いを抱きながら……。

〈人間の判断なんて当てにならないものなんだな。判断が作り出したイメージなんて、もっと当てにならない……〉

＊

それでもシスターとの対談は順調に進んだかに見えた。Bさんはおよそこんなことを滔々と口にした。

父親との関係が悪く、早くに家を出た。出家という立場上、いまも家族とは疎遠である。迷いや苦しみ、理不尽さばかりが蔓延《はびこ》る、この世の中を変えていきたかった。その一念で大学や会社に入ったが、どこも私利私欲ばかりが渦巻く世界で、世の中を変えるための真摯な取り組みをしていない。そこで、次に仏門に入った。しかし、日本の仏教は戒律が軽んじられ、寺院と言っても、そこは家族を優先した住職たちのマイホームに成り下がっている。

日本の仏教に幻滅を覚え、赴いた先が仏教発祥の地・インド。インドはヒンズー教の影響を受けたカースト制度の差別意識が甚だしく、不可触民と呼ばれる最下位層の人たちは人間として見なされていなかった。人を苦しめるばかりの宗教などいらない。そんな憤りもあったが、多くの不可触民と接していくうちに、心に深い安らぎを覚えるようになり、自分の居場所をようやく見つけた……。

そして、苦しみからの解放について、Bさんは当時流行っていた「マインドフルネス（いまこの瞬間に気づきを向ける瞑想の一種）」を「問題だらけ」と切り捨てた上で、こんな説明をした。

執着する心や反応する心が、怒りや妄想、怠惰、快楽へと人を駆り立て、それが苦しみの連鎖を生む。その悪循環を断ち切るために、座禅や瞑想などによって、徹底的に自分の心の奥を見なければならない。たとえそこに、醜い自分の姿、怒りや哀しみが立ち現れても、そこから逃げてはいけない。反応してはいけない。微動だにしない。それがただそこにあることを見つめ、認識という光を当てるだけで、それはやがて消えていく……云々。

「なるほど」

と、私は感心した。

息子を失ってからというもの、私は禅寺や山荘での座禅に救いを求めてきた。Bさんの言葉は、私のその取り組みに大きなヒントを与えてくれたような気がした。

*

しかし、何かがおかしかった。Bさんの人生の道程には、怒りに突き動かされた「正義感」が、つねに見え隠れしていた。実際、シスターからも「それで、Bさんのその正義感はどうなりましたか？」といった質問が飛んでいるが、正義感という観念がいったい何を意味しているのか。そのことを知ってか知らずか、Bさんは自身に向けられた「正義感」という言葉自体には、特に反応は示していない。

対談の途中では、シスター自身が懇意にする、ある著名な禅僧――仮にD氏としておく――の話を持ち出した。彼女が長い説明をしても、Bさんは「Dさんですか……」。そうポツンと言っただけで、ほとんど何の反応も見せなかった。

いや、内的な反応を、外的な反応に転化させなかっただけなのだろう。そのことを私は、Bさんの反応なき反応のなかに、何となく感じていた。

Bさんから女性編集者を経由して、その理由がわかったのは、まもなくしてからだった。すなわち、D氏は品行に相当な問題があり、仏教界のなかでも多くの人が知る事実である。したがって今回の対談内容にD氏の話は入れないでほしい……。

〈Bさんは自分がいったい何を言っているのか、自分で気づいているのだろうか……〉

そう思った。

それでも、Bさんが意義のある話を提供してくれたことに変わりはない。私はそのお礼を兼ねて、少しへりくだった社交辞令的なメールを送った。

B先生の対談でのお話が、教えとして参考になったこと。厭世観という言葉を吐いたことを反省していること。この世が提示する価値観——たとえば権威や名誉、金銭、社会的な成功、道徳、常識など——に対する執着・欲求が、自分のなかで驚くほど薄れ、もはやそれらに価値を見出せなくなったこと。そして、自分が口にした厭世観という意味には、そのことも含まれていたこと……云々。

いずれにしても、Bさんは約束だけは守る僧侶だったのだろう。

「私はタバコを吸う人とはお付き合いしません！」

彼からの返信メールは、４年以上経ったいまも、私の許に届くことはない。

＊

自然ほど優しいものはない。

山暮らしを始めるようになってからというもの、私はつくづくそう思うようになった。
「自然ほど恐ろしいものはない」という声もあるが、台風や地震がもたらす自然災害は、単に膨大なエネルギーの極から極への移動の結果にすぎず、私たちを殺すために発生するのではない。それは、ただそこに「在る」だけ。

植物や樹木は私たちに与えることしか知らない。たしかに土の中では栄養分を求めて熾烈な争いをしているが、私たちに対しては安らぎや慰めを与えるだけで、その代価をいささかも求めようとはしない。

庭先や野に咲く花は、栄養が枯渇すれば萎《しぼ》み、水がなくなれば枯れて死んでいく。私たちがその世話を怠っても、誰を責めるわけでもない。命の根を切断された切り花にしても、わずかな間、人間の心に彩りを与えると、文句も言わずにその短い命を閉じていく、それも、ただそこに「在る」だけ。

野生動物や野鳥たち、そして小さな虫たちも、価値判断に囚われることなく、一瞬一瞬を糧として「今」を生きている。

大型の台風が関東を直撃し、甚大な被害を関東の各地に及ぼした２０１８年９月30日。この日も私は悠庵に独り留まっていた。豪雨を伴う横殴りの強風が、古い山荘を激しく揺らし、私を少しだけ怯えさせたが、締め切った雨戸を少し開けると、川の濁流と大嵐のうねりのなかから、秋虫たちの楽しげなハーモニーがかすかに耳に届いてきた。

翌朝、目覚めたとき、悠庵の外に透き通るような秋空が広がっていた。西の山間で大鷲が弧を描くように悠然と飛翔し、野鳥たちの澄んだ囀りが、川の濁流のほうから聞こえてきた。山荘の下に広がる鬱蒼とした茂みに目をやると、2頭のウリ坊が背中を丸めて姿を消していくのが見えた。そして、ベランダの柱では、暴風で吹き飛ばされた蜘蛛の巣を、黄色がかった大蜘蛛が黙々と作り直している。

大杉谷で遭遇した野ギツネ

大杉谷の仙人・巽幸則さんを取材した帰りには（4章参照）、痩せこけた茶毛の野ギツネと出会い、しばし戯れた。近くの民家が餌付けして人間慣れしているのだろう。私が車を降りて近づいても、野ギツネは逃げることなく、私の周りをグルグルと回った。

車に置いてあった甘菓子を差し出すと、近寄ってきて、私の手から直接それを食べた。私がその頭を軽く撫でても、逃げようとしない。おそらく私が野生動物に触れた初めての経験だったが、こうした生き物たちの「今を生きる」懸命な姿が、私の目にはいじらしくも愛おしくも映った。

悠庵のウッドデッキでくつろいでいた、ある晩秋の夕暮れ、枯れ葉をカサカサと踏みしめる音に背後を振り向くと、そこに私をジッと見上げる黒っぽいタヌキがいた。タヌキは立ち止まったまま、しばらく愛らしい瞳を向けていたが、

「おいで」

私が手を伸ばすや、背中を丸めて敷地の奥へと逃げてしまった。その愛嬌のある姿が、私の心をしばらく和ませてくれた。

禅寺の犬たちも、いったん山に放てば、人間が作った価値判断や常識から解き放されていた。彼らは竹藪に入り込んだり、転げ落ちるように崖下に降りていっては、とにかくいろいろなものを咥えて戻ってくる。誰かが投げ捨てた空き缶やゴミ袋、プラスチック製の汚れた玩具、シカの抜け落ちた角……、息絶えたシカの首を噛みちぎって頭部だけを咥えてきたこともあった。

犬たちが取り合いで散々遊んだ挙げ句、その生首はどこかへ消えてしまったが、数か月後に今度は白骨化したそのシカの頭蓋骨を咥えてきた。そして、私がそれを取り上げようとすると、一斉に群がり、頭蓋骨をバリバリと噛み砕いてしまう。

犬たちにはそれが「いけないこと」「気持ち悪いもの」という意識も価値判断もなかった。すべてを遊び道具にする。大自然に放置された空き缶やゴミ袋にしても、投げ捨てた誰かを責めるわけでもなく、ただそれを無邪気に自分たちの友としていた。

＊

しかし、私たち人間はどうか。価値判断や正義感、道徳観念などに縛られ、何においても善と悪の、いずれかのレッテルを貼らずにいられない。自然環境に空き缶を投げ捨てた誰かを「悪」として罵り、それを拾い集めた誰かを「善」として褒めたたえたりもする。

私たちはこの世に生まれ落ちて以来、外部から価値観を植え付けられたり、自らの経験から観念を構築することで、「自我」というものを形作ってきた。

自我とは物事を主体と客体に分け、その比較においてすべてを分断せずにいられない思考の働きを意味し、これを私たちは一般的に「自分」と呼んでいる。そして、強化された「自分」ほど、制約と排除を生み出し、他者との間で確実に分裂を引き起こしてしまう。

どうしたら、この「自分」から自由になれるのか。山荘や禅寺滞在時の夜の深みのなかで、私はよくそのことを想うようになった。そのためには、これまで蓄えてきた観念という「過去」のガラクタを放棄し、静まった心で「今」という唯一無垢な時間に留まらなければならない……と。

山荘では朝と夜の2回、床の間の息子の写真に向かって座禅や瞑想を行う。禅寺でも日に何度か座禅を組み、心の静謐を求めてきた。

それでも心が完全に鎮まるのは難しく、雑念が次から次へと湧き出ては、私を「今」に長く留めてはくれない。それは、もはや存在しない「過去」の哀しみに私を誘うと、「今」を素通りして、想像の産物にすぎない「未来」の恐れや憂慮へと私を連れ出す。その繰り返しだった。

少しずつわかってきたのは、それがどんなに崇高なものであろうと、自我が作り出す観念や価値観、イメージがまったく当てにならないもの。私たちにけっして恒久的な満足を与えることはせず、かえって苦しみの温床にしかならないということだった。

そんなとき、よく息子の姿を思い出した。隔てのない優しさや絶やすことのなかった無垢な笑み、そして寡黙に自分の価値観を生きながらも、他の価値観も柔らかく受け入れてきたその存在の抱擁性……。死の間際までぶれることなかったその息子の在り方に、私は「強さ」や「優しさ」の本当の意味を教えられたような気がした。

「父さんはもう昔のような生き方はやめたよ」

悠庵を訪れるたび、私は傾斜地に聳え立つ山桜の太い幹に手を置いては、姿なき息子にこう語りかけるようになっていた。

「価値観や観念なんか全部放り投げて、真っ新《さら》な自分に戻りたいよ。素っ裸になった自分を生き直してみたい。お前がそう生きたように……」

いつしか私は、山桜の凛として壮麗な姿態に、逞しく育った息子の姿をだぶらせるようになっていた。

娘を自死で失った前出の小山美保子さんは、私へのハガキに〈娘が私を人間らしくしてくれました〉と書き記した（2章参照）。息子も父親である私を人間らしくしようと、優しく導いてきてくれたのだろうか。

テレビやラジオもない静かな山荘に独り留まるとき、私は写真のなかの息子の笑顔や傾斜地の山桜に向かって、こうも語りかけている。

「父さんに大切なことを教えてくれたね。ありがとう」

＊

耶馬渓近くの長閑な風景

ある夏の昼下がり、私は大分県の耶馬渓に車を走らせていた。

耶馬渓は大分県北部にある中津市の内陸の流域に広がる渓谷である。悠久の昔、火山活動によって台地が侵食され、奇岩が連なる絶景が生まれた。この景勝地は１８１８年、儒学者の頼山陽によって「耶馬渓」と名づけられ、いまでは日本三大奇勝の一つに数えられている。

「最近、耶馬渓の山間の地に女性が自分の庵を構えた」――。

その情報に興味を惹かれ、日田市からレンタカーに乗って訪れてみると、たしかにそこは緑豊かな田園が連なる長閑な地だった。

女性が借りたという黒い日本瓦の古民家は、明治時代に建てられたものだという。玄関を入ると、そこに黒ずんだ広い土間があり、漆喰の壁には古ぼけた竹箒と竹の梯子が立てかけられてあった。広い日本間に古色を帯びた時代物の文机が置かれていた。板間にも古い囲炉裏がある。そして、敷地内には朽ち果てた牛舎がそのまま残されていた。

しかし、女性は１人ではなく２人いた。ちょうど古民家の補修作業に没頭中だった。一人は福岡県の飯塚市で自然療法サロンを経営するＫさん。もう一人は同サロンの会員で、北九州市で料理教室を主宰するＩさん。ともに40歳代の女性である。

よくよく聞いてみると、２人がここに古民家を借りたのは、清冽な水と空気に恵まれたこの緑豊かな地で、新鮮な野菜や果物などを有機栽培で育てることを目的にしているという。

Ｋさんは言った。

「現代人の多くが何らかの心身の不調を訴えています。生活環境と食生活ほど心身の健康を左右するものはありません。いずれサロンの会員さんたちにもここに来てもらい、豊かな自然のなかで、新鮮な野菜などを食べてもらおうと思っているんですよ」

しかし、本書のメインテーマは、あくまでも「孤独」である。２人の試みは、現代人の心身の闇に光を当て、その本来の姿を取り戻すという意味で、大きな価値があるものの、いかんせん本書のテーマとマッチしない。

「私たちの話、あまり参考にならないんじゃないですか？」

Ｉさんも聞いてきた。

「そうです」とも言えず、私はごく簡単ながら、一通りの話だけは聞くことにした。

＊

取材後は3人で雑談に興じた。

その雑談の最初に、私は最愛の息子を亡くしたことを2人に伝えた。

「息子さんのお話を聞いているうちに」

と、Kさんが口にしたのは、ややあってからである。

「さっきから私の目の前に野球のボールのようなものが見えるようになったんです。縫い目が見えるから、硬式のボールかしら」

私は驚いた。息子は小学生の頃こそ軟式野球だったが、たしかに中学生から大学生までは硬式野球に打ち込んできた。自宅の仏壇に飾る息子の写真の前には、私たち父子の心をキャッチボールで繋いでくれた硬式の野球ボールも置かれている。

「それが大事、僕の宝物。そうお父さんに伝えてほしいと言ってますよ。野球が大好きだった、と」

Kさんはこう言うと、言葉を繋いだ。

「野球ではまっとうできなかったけど、アームレスリングでまっとうすることができた。やり切ったし、すごく楽しかった。そう言ってます。人生に悔いはないとも言ってますよ」

私は声も出なかった。大学での硬式野球部時代を、右肩を痛めた息子が不完全燃焼のまま終えたことは、私も知っている。そのことに息子自身が未消化感を抱き続けてきたのも、何となく気がついていた。

その未消化感を何かの手段によって解消したかったのかもしれない。息子が本格的なアームレスリング競技に打ち込むようになったのは、よりによって末期のがんが発見されてからだった。

抗がん剤の副作用に耐えながらも、傷んだ体を鼓舞するように激しいトレーニングに打ち込んだ息子は、やがて筋骨隆々とした目を見張るような肉体を作り上げた。日本選手権など強豪集う大会に十数回出場し、準優勝２回と３位入賞２回の成績を残した。

トレーニングはその死の３日前まで続けられ、息子が２勝１敗と勝ち越したライバルは、息子の死後、日本選手権で軽量級の日本王者に昇りつめている。

「楽しかった」「悔いはない」というメッセージが、すべてを物語っていた。優勝こそなかったが、息子は勝敗よりも、自分のこの世における存在の意義を、アームレスリングを通して完結させたかったのだ——。

そう思うと、涙が出そうになった。

「光で顔ははっきり見えませんが」

Kさんが続けた。

「顔のようなものの背景に、緑が輝いているのが見えます。ほら、ちょうどあそこに見えるような緑です」

彼女の視線の先に目をやった。開けっ放しの勝手口の向こうに、深い緑の一群が初夏の陽光を受けて輝いているのが見えた。

「緑」という言葉が、私に山の生活を想起させた。私は息子の死後、秘境の禅寺に籠り、やがて息子とゆかりのある緑豊かな山中に自分の庵を構えたことを伝えると、こう聞いた。

「何となく感じてきたことですが、もしかしたら本当に息子が父親を山に連れてきてくれたんですか?」

「そうだよと、息子さん、笑って言ってますよ」

Kさんも笑って答えた。

「ようやく納得してくれたの?って。息子さんはどうやら、お父さんやお母さんだけでなく、たくさんの人をサポートしているようですね。それが自分の使命だとも感じているようです。

そして、いま私にもさかんに言ってくれているんですよ。〝ありがとう〟って」

予想もしない展開だった。私は半ば放心状態のまま、テーブルを挟んで2人と向かい合うしかなかった。

「どうやら」

Iさんがニコッと笑った。

「織田さん、偶然にここに来たわけじゃなかったんだね」

*

大自然に漂う霊妙な空気には、人間の淀んだ意識を本来の姿に立ち返らせようとする力が、やはり宿っているのかもしれない。

月の半分に満たないとはいえ、山荘での滞在を重ねていくうちに、私は自分の心が鎮まっていくのを感じていた。

たしかに、自然と脳の関連性に関する最近の研究では、自然環境が脳内ストレスホルモンであるコルチゾールの分泌を軽減させ、リラックス感をもたらすアルファ波も活性化させる働きがあることが解明されている。「1／fゆらぎ」と呼ばれる規則性のない周波のゆらぎは、リラックス系の副交感神経を優位にすることで知られるが、これも森林や海辺などの自然環境にあまねく存在する。

樹木などが発散する「フィトンチッド」という科学物質には、血圧を緩やかに下げ、ストレスを50%以上も軽減させる働きがあるらしい。雨上がりの土壌から立ち上る「ゲオスミン」という有機化合物も、抗菌作用と免疫機能のアップに多大な貢献をするという。

ジェット機の爆音や工事現場の破壊音など人為的に作り出された環境騒音は、恐れを伴う闘争的な交感神経を刺激し、血圧を上昇させたり、ときにストレス死さえ招く。しかし、森のせせらぎや野鳥の囀り、虫たちの啼き声などは、血圧を安定させ、副交感神経のスイッチをオンにするとも言われている。

私が禅寺や山荘で行う呼吸を重視した座禅や瞑想も、脳内環境を変容させることが、東邦大学医学部の有田秀穂教授の研究で明らかにされた。腹部を締めながら「吐いて、吐いて、吐き切る」腹圧呼吸を続けることで、脳内に通常のアルファ波とは違う、速いアルファ波が出現することが解明されたのである。

リラックス感がありながら、意識は覚醒する。これが、速いアルファ波が脳内にもたらす働きだという。

米国のジャーナリスト、フローレンス・ウィリアムズの著書『自然が最高の脳をつくる　最新科学でわかった創造性と幸福感の高め方』（ＮＨＫ出版）のなかには、自然と瞑想効果の共通項を示唆するような、ある女性心理学者の次のような言葉が紹介されている。

〈自然のなかですごしていると、マインドフルネス（そのときの自分の内面的・外的経験にフルに注意を向け、あるがままを受け入れること）が生じるんだと思う。周囲の世界がつねに変化を続けるなか、受け身の状態になる。だからうつ病にも効果がある。自然のなかを歩くのは、バラ色のレンズの眼鏡をかけているようなものじゃないかしら。自然に囲まれていると、なにもかもが少しポジティブに感じられるし、自然との一体感も感じられる。こうした世界にこそ、私たちの居場所があるはずよ〉

＊

かつては人里離れた秘境の禅寺に籠り、いまは深い森に佇む山荘を自分の庵とする私が、マインドフルネスの状態になっているかどうかはわからない。

ただ、山荘のウッドデッキで深閑とした夜の底に身を委ねていると、ふいに自分自身が「静けさ」そのものになっているような感覚に浸ることがある。むき出しのオイルランプの仄《ほの》かな灯りをジッと見つめているときや、敷地内に聳え立つ山桜とその枝葉の先に広がる朧月の淡い煌《きら》めきをぼんやり見上げているときにも、同じような感覚によく導かれる。

そんなとき、私はこんな不可思議な想いに訳もなく包まれることがある。

自分がいま、生きていると思っているこの世界は、本当に存在しているのだろうか。いまここに在る深い沈黙の広がりだけが、存在する唯一の現実ではないのか。そして、この沈黙の深みに留まる「安心」の感覚。それは外からやってきたものではなく、元々自分に属していたもの……永遠に属しているもの……。

この感覚も長く続くことはない。沈黙から意識を逸らすと、すぐに思考が割り込んできて、私のこの直覚的な想いを打ち消そうとする。

自然に湧き出る感覚と、過去の記憶だけを生きる糧とする自我。山荘生活においても、しばらくの間、私のなかでこの両者のせめぎ合いが続いてきた。

ただ、最近では静けさの感覚だけが私に留まり、思考のほうは自分の肉体から少し離れたところに漂っている。そんな感覚を抱くようにもなった。

心が鎮まったままで、近くに漂う思考だけが何かを考えている。たとえ、その思考が苦しいものであっても、それを眺めている私の「自己」の一部は、それほど苦しくない。あえて表現すれば、そういう状態に近いかもしれない。

３章で、私は「時間が消え去ったような感覚に囚われることがある」と記したが、もしかしたら思考が肉体から遊離したようなこの感覚が、時間感覚の希薄な世界へと私を一時的ながら誘っているのかもしれない。そして、この稀有な感覚も煩雑な都会生活に舞い戻ると、あえなく消え去ってしまう。

「都会というのは」

公認心理師の米倉一哉さん（前出）が説明する。

「夥しい情報だけでなく、様々な人たちの思念やら情念などが、否応なく入り込んでくるところです。感受性の豊かな人は、どうしてもそれらを拾ってしまう。その結果、自分のなかに生まれる自然な感覚よりも、思考のほうを優先しようとする意識が強くなってしまうんですね。織田さんの場合、そのこと自体を煩わしく感じた。人里離れた山奥に入ったのも、自分のなかに次々とインプットされてくるそうした情念や思念をできるだけ排除したかったからなのでしょう。

思考が肉体から離れたような感覚になったり、時間が消えたような感覚を受けるのも、思考よりもご自分の自然な感覚とともにいる時間を大切にしてきたからだと思います。

ただ、静かな山奥に来たから、そういう状態になれたというのは、少し違うと思いますよ。そういう状態になりたくて、そういう環境を選んだ。言い換えれば、織田さんの無意識が、本能的にそういう環境に織田さんを連れてきたのだと、私は解釈しています」

*

「独り在ること」――。

たとえば、早朝の森に響き渡る野鳥たちの澄んだ囀りのなかで、たとえば、西方に沈みゆく陽光の淡い煌めきのなかで、たとえば、朧夜の深とした森のなかで……私はいつしかこの言葉の意味を模索するようになった。

すでに書いたように、山荘「悠庵」の北側にある6畳の日本間の床の間には、私が息子のために作ったささやかな祭壇がある。正面壁の右隅には息子が野球で使っていた木製バットが立てかけられ、壁の真ん中には猛々しく波間を登る龍の掛け軸が垂れ下がっている。

その掛け軸の手前に小さな釈迦如来の座像、さらにその少し手前には、大きな燭台に乗った燈明用のローソクが添えられている。

額縁に入った息子の写真は、その燭台の左右に一枚ずつ飾られている。向かって右の写真は、息子が友人たちと登った高尾山の頂上付近で撮られたもので、紺のジーパンに白いセーター姿の息子が、爽やかな笑みを浮かべて右手でガッツポーズをとっている。撮影されたのは、２０１０年の11月20日。息子が23歳のときで、奇しくもその死のちょうど6年前の息子の姿である。

燭台の左に飾られるもう一枚の息子の写真は、その死の41日前に私の友人によって撮影されたものである。横浜で行われたアームレスリング大会に出場したときのもので、黒いジャージ姿の息子は、このときも右手でガッツポーズをとり、陰りのない笑みをレンズに向けていた。

その写真の前には、緑色の封筒に入った一枚の手紙がつねに置かれている。大分県の耶馬渓に古民家を借りた前出のKさんが、私に寄せてくれた手紙である。

息子のいない残された人生を、どう生きていけばいいのか。手紙は、そのことにいまだ確固たる方向性を見出せずにいる私のために、Kさんが息子からの助言をリーディングしてくれたものだった。

手紙には、イラスト化された息子のメッセージが載せられていた。Kさんによれば、リーディングを文章化に頼りすぎると、内容が正確に伝わらないことがあるという。そのため、イラストに息子の簡単なメッセージを添えることを、彼女はあらかじめ私に伝えている。

手紙の最初に、キーポイントとして3つの言葉に矢印が向けられていた。

「赦す」「受け入れる（受容）」「あるがまま」

そして、その下にはこんな息子のメッセージが書き込まれている。

〈これを伝える事で救われる人が沢山いるから、批判が出ても気にしなくて良い。色々な考えの人がいていいのだから〉

これが、本当に息子のメッセージだったのか。残念ながら、私にそれを客観的に証明する手立てはない。しかし、亡き息子が父親に提示したとされる3つのキーポイント。これが、いまの私に最も必要な心の在り方だということだけは、直感的にわかった。そして、このときふいに「独り在ること」の意味も解けたような気がしたのである。

結局は、「赦す」「受け入れる」「あるがまま」の3つのキーポイントは、「独り在ること」と同意語だったのだ。

「はじめに」でも触れたように、「独り在ること」は、孤立としての「孤独」と明らかに意味が異なる。

孤立とは自分一人だけがこの大宇宙から切り離されたと思い込む、救いがたい心の状態を指す。しかし、「独り在ること」には、社会的な制約や常識から解放された自己の内面との繫がり感があり、「いまここにいる自分以外の何かになろうとしない」心の安逸がつねに伴っている。公認心理師の米倉さんの言葉を借りるなら、「良いと思われる部分も悪いと思われる部分も含めて、自分自身のすべてと繫がっている心の状態」を意味するのだろう。

　米倉さんはこれに関連して、「受容」や「あるがまま」、「赦し」の意味についても、こう言及している。

「人というのは本当に感じていることなのに、それが自分にとって都合の悪いことであれば、その感情を無意識の領域へと押しやってしまうことがあります。たとえば、哀しい感情があるのに、『自分が哀しむわけがない』という自己イメージのなかに、自分をいさせようとする。それが、すでに『あるがまま』とはかけ離れた心の状態です。

　そうはいっても、この世は相対的で、必ず反対のものが存在します。つまり、正直な感情を否認してしまう自分も、ある意味で『あるがまま』の自分なんですね。否認してはいけないと思った時点で、それは『あるがまま』から遠ざかりますが、否認してはいけないと思っている自分を自分のものとして受け入れたとき、それはあるがままの状態に立ち返るんです。

　自分のなかの何らかの価値観が介在してるから、蓋をすべき嫌な感情ということになるだけで、感情には善悪の区別なんかないんです。そして、自分の感情のすべてと繫がり、それを自分のものとして赦し、受け入れたとき、人は自己受容が広がり、他者に対する受容も広がります。そうなると、人はとてつもないエネルギーを得ることができるんですよ。

そういう意味で、自分の正直な感情に抵抗したり、それから逃避することが、あらゆる苦しみの温床と言えるかもしれません」

*

２０２０年11月20日、息子が世を去って４年の歳月が流れた。山荘「悠庵」から臨む森の風景はすっかり秋めいて、赤茶色の紅葉に映えている。眼下の茂みで白い穂を垂れるススキの一群が、冷たい秋風に揺らめいていた。そして、上空にはところどころ白雲がたなびき、西の彼方に見える名山の頂が、晩秋の朝の光を受けて黄金色に輝いている。

息子が亡くなって１年後の２０１７年の命日、私は秘境の禅寺に独り籠った。息子が息を引き取ったのは20時41分のことで、その時刻を挟んだ３時間前後を灯りを落とした寒々とした座禅堂で過ごしている。

翌２０１８年の命日は、いまの妻とともに秘境の禅寺で３回忌の法要をした。このときは、娘を亡くした知人女性も一緒で、法要後は住職も含めた４人で会食の夜を過ごした。

２０１９年の命日は独り悠庵に籠った。夕方から息子の祭壇の前で座禅に入り、終えたのは21時前。それから、傾斜地に建設されたばかりのウッドデッキに出ると、夜の深みの静かな時の流れのなかで、しばらく息子の面影に浸った。

そして、２０２０年の命日。しかし、この日の私は朝から慌ただしかった。その３日前から悠庵に籠っていたが、仕事絡みの急な所用が入ったのである。

私は悠庵から車で都内へと急いだ。夕方、所用を終えると、そのまま悠庵に戻ることなく、息子の母親である先妻の自宅を訪ねた。そこに、息子の無二の親友だったＯ君がいた。

３人で食事を楽しみながら、亡き息子の話にしばらく花を咲かせた。私が帰途に就くＯ君を最寄りの駅まで送り、悠庵に舞い戻ってきたのは、深夜０時近くのことである。

悠庵は依然として静けさのなかに佇んでいた。このところ、陸恭一さんの姿を見ていない。暗がりの茂みの奥に目を凝らしても、陸さんの山荘からは灯りが洩れていなかった。

私はＯ君が命日に訪ねてきてくれたことを、祭壇の息子に報告した。それから部屋の電気をすべて消し、小さなオイルランプだけを頼りに、ウッドデッキの椅子に腰をおろした。

西の山間に仄かな街の灯りが小さく見える以外、森は深い暗紫色《あんししょく》に沈み、沈黙を守っていた。大きく広がる山桜の枝越しに夜空を見上げた。いつのまにか白雲が流れ去り、星たちの煌めきが澄み切った天空を覆っている。

近くの森で鈴虫たちが寂しげに合唱していた。重たげなフクロウの啼き声が、森の奥から聞こえてきた。野鳥の啼き声なのか、野生動物のそれなのか、裏の雑木林からときおり、口笛のような短い鳴き声も聞こえる。

気がつくと、私の全身に電気の粒子のようなものが波打ち始めていた。この不可思議な感触は、いつしか私の身に起こるようになったもので、いまでは瞑想や座禅のときだけでなく、心静かな日常生活のなかでもたびたび経験する現象になっている。

その心地よい感触に心身を浸しながら、漠とした視線を闇に沈む森に向けた。それがオーラと呼ばれているものなのか、森の全体から白く透き通った光が、ぼんやりと立ち上っているのが見えた。

突然、悲鳴のようなシカの鳴き声が森に轟いた。その鳴き声が沈黙に溶け入ったとき、また私のなかで時間の感覚が薄れ、現実感が遠ざかっていった。

〈ここは、どこなのだろう……〉

遊離して漂う意識が、そんなことを考えていた。

〈夢を見ているのかもしれない……〉

＊

前出の米倉一哉さんは、意識が完全に肉体から離脱した体験を何度か持つ。その至高体験の詳細は死をテーマとした次作に譲るが、私がときに得るこうした超時間的な感覚も、ほんの表層的なものながら、米倉さんが一瞥した絶対的世界の一端を象徴的に物語っているのかもしれない。

「そこには、相対的なものが何もありませんでした」

米倉さんは自身の神秘体験を振り返る。

「すべてが私そのもので、区別という感覚が消え去ったのです。時間というものも相対性の世界のなかにしか存在しないことがわかりました。それは私たちが作り出したにすぎない。『ああ、時間って本当にないんだな』。そんな想いがストンと腑に落ちてきました。

同時にこんな感覚もありありと迫ってきました。過去も未来も現在もすべて一つ。失うものも離れ離れになるものもない。死ぬこともないし、もっと言えば、生きるということもない。私たちが見ているこの世界は、すべて私たちの意識が作り出した物語にすぎず、実際にはそういう世界は存在しないのだ……と。

　ですから、本当は苦しいことなど何もないし、悲しむべきこともない。そして、私たちが自分の物語を作ることをやめたとき、この世も存在せず、それは『ただ在るだけ』の状態に立ち返る。そのことに気づいたというより、元々知っていたことを思い出した。そんな感覚でした」

＊

　やはり、この世は単なる夢物語にすぎないのだろうか。

　２５００年前、仏陀はこの世の秘密をこう解き明かした。

「この世の一切は実体なき虚妄である」

　イエス・キリストは「世界それ自体は無である」として、霊媒体質の心理学者ヘレン・シャックマンを通して、私たちにこう語りかけている。

「あなたは、神が創造したままのあなたである。あなたが苦しむことが可能であるような場所はどこにも存在せず、あなたの永遠の在り方に変化をもたらすような時間というものも存在しない」

そして、「沈黙の聖者」と呼ばれたインドのラマナ・マハルシは、この世をスクリーン上の映像に喩えて、こんな教えを説いた。

「それらはみな現実であるように見える。だが、行ってつかみ取ろうとしてみなさい。何をつかむだろうか？　ただのスクリーンである。映画が終わって画像が消え去ったあと、何が残っているだろうか？　やはりスクリーンである。真我（筆者註：仏教で言う仏性）もそれと同じなのだ。ただ真我だけが存在し、画像は来ては去っていく」

私が作り出した私の物語は、終演の幕を降ろすことなく、いまも続いている。

おわりに

常緑樹と落葉樹が混在する壮大な自然が、目の前に広がっていた。見上げると、すぐそこに峰の頂が円を成すように連なり、南の稜線には薄雲が霧のように覆いかぶさっている。

悠久の時を刻む秘境の地。そこにひっそりと佇む古い本殿も、依然として重厚な霊気を漂わせていた。

２０２０年12月14日の昼下がり。私は１年半ぶりに標高８５０メートルの禅寺を訪れていた。禅寺の留守番を兼ねて、ラブラドール犬たちの世話をするためである。

私が初めてこの禅寺に籠ったのは、息子を失った３週間後の２０１６年12月12日。あれからちょうど４年の歳月が流れていた。

思えば、私の再生への歩みは、この人里遠く離れた秘境の地から始まっていた。もはや誤魔化すことのできない喪失感と哀しみ。孤独から逃れるという「孤独」にさえ耐え切れず、私はさらに深い孤独へと身を隠した。

この私の選択が、絶対的に正しかったと言うつもりはない。

だが、外部との接触を断ち、何ものにも干渉されない孤独の淵に身を沈めたことが、傷んだ私の心に、ある種の「救い」の萌芽の種を蒔いたことは事実だった。この萌芽の感覚は深い森の山中に自分の庵を結び、孤独な山暮らしを続けていくうちに、私のなかで緩やかに実を結び、清新な芳香を醸し出していった。

それが、「独り在ること」の心地よさや「あるがまま」の自分でいることの安逸を、私の心にソッと運んでくれたのだろう。そして、私のなかで眠り続けてきた、けっして乱されることのないこの心の「静けさ」を、最初に揺り起こそうとしてくれたのが、大自然の息吹に抱かれたこの禅寺だったのかもしれない。

*

住職は私と入れ違いに、すでに禅寺を離れていた。私が留守番で訪れるたび、食べきれないほどの料理を用意してくれている。この日も炊き立ての白米に加えて、野菜とキノコ類の豊富な鍋物やおでん、レトルトカレー、生ラーメン、そして封の切られていない日本酒の一升瓶が、私の部屋にさりげなく置かれていた。

私が最初に禅寺を訪れた頃、ラブラドール犬は4頭いた。その後、母犬の2度目の出産で犬たちは14頭にまで膨れ上がったが、仔犬が次々と里子に出されたことで、いまでは6頭が禅寺に留まっている。

彼らは私を忘れてはいなかった。久しぶりの対面にもかかわらず、すぐに私を思い出し、一斉に纏わりついてきた。

胸に愛おしさが広がるのを感じた。彼らもまた、私のなかで眠りかけていた慈しみや優しさの感覚を、緩やかに揺り起こしてくれた存在だった。

そのなかの1頭は、私が旅装を解く本殿の大広間のケージに入れられていた。住職から事前に聞かされていたが、リードなしの散歩の途中でよく群れを離れて姿をくらます犬だという。私がかつて、その行方探しで翻弄させられた1頭なのかもしれない（5章参照）。

住職によれば、この犬は一山を丸ごと超え、10キロ近くも西に離れた神社にまで「脱走」したこともあったという。しかたがないので、私はこの脱走犬だけをリードで拘束し、犬たちの散歩に出かけることにした。

だが、私と大広間を共有する限り、この脱走犬は心の穏やかな犬だった。私が大広間で寝そべっていると、私にぴったりくっつき、夜も同じ布団で寝た。布団の中央を自分の寝床にしたため、脇に追いやられた私を寒がらせたが、それでも私が布団を出るまで大人しく寝息を立てていた。

こうした犬たちのなかでも、特に不思議なのが、やはり父犬の存在だった。1章でも書いたように、この父犬は息子を失ったばかりの傷心の私に、いつも静かに寄り添ってくれていた。私を見上げるその澄んだ目にも、労りや慈愛の色がたしかに滲み出ていた。

しかし、私が少しずつ元気を取り戻していくにつれて、その犬もまた、私の心と歩調を合わせるかのように変わっていった。いまでは、仔犬以上に私に纏わりついては、無邪気にはしゃぎ回る。かと思えば、自分の妻や子供たち、そして私に目もくれず、マイペースで群れから離れることも珍しくない。

住職は口にしている。

「本来この犬はどうしようもないヤンチャで、いつもそこら中を駆け回っていました。人がいると、とにかく嬉しくて吠えながら飛びつくんです。ところが、あなたがここにやってきたら、急に大人しい癒し犬になった。何とも不思議な犬です。人の心がわかるとしか思えません」

＊

辺りが薄暗くなると、私はその犬たちと境内で過ごした。

底冷えのする夜で、粉雪が秘境の地に舞い落ちていた。少しでも寒さを紛らわせようと、私も犬たちと一緒に境内を走り回った。

夜が深まると、逃亡犬だけを残し、縁側で日本酒を飲みながら大自然の霊気と溶け合った。犬も大人しく私の傍らに座り、やがて縁側にゴロリと横になった。

私も犬の隣で横になった。いつのまにか白雲が流れ去り、息を呑むような星たちの煌めきが、澄んだ天空を覆い尽くしていた。

シャワーのように降り注ぐその優しい輝きが、私の意識をさらに現実から遠ざけた。

静まった心のなかに、穏やかな心地よさが同居していた。犬の安らかな寝息も、心の奥深くに留まる「安心」の感覚を柔らかく揺り起こしてくれた。そして、その静けさ、心地よさ、安心は、外から訪れたものではなく、元々自分が持っていたもの……。そんな感覚が、またもや私に訪れていた。

「……それにしても」

と、満天の星たちを見ながら思った。

「なぜ、ここにいるのだろう……。本当に息子がここに連れてきてくれたのだろうか……」

静かに問いかける私の心が、その答えを探すことなく、身を切るような夜の冷たい霊気にゆったりと憩っていた。

ジェット機の爆音のようなものが、遠くの空から小さく聞こえてきた。それが私のなかの静寂を乱すことはなかった。

天空に目を凝らした。オレンジ色に点滅する星のような物体が、散りばめられた星屑のなかを、南へとゆっくり動いていた。

その動きをぼんやりと見つめながら爆音に耳を澄ませた。爆音は少しずつ私の耳から遠ざかり、やがて凛とした沈黙の余韻だけを残し、夜空の煌めきの彼方へと消えていった。

私はもう一度、思った。

「なぜ、ここにいるのだろう……」

その答えは、いまもわからない。

参考文献

『孤独の愉しみ方――森の生活者ソローの叡智』ヘンリー・ディヴィッド・ソロー著／服部千佳子訳　イースト・プレス

『森の生活〈上〉〈下〉（ウォールデン）』Ｈ・Ｄ・ソロー著／飯田実訳　岩波文庫

『ＮＨＫ「１００分ｄｅ名著」ブックス　鴨長明　方丈記』小林一彦著　ＮＨＫ出版

『ある世捨て人の物語――誰にも知られず森で27年間暮らした男』マイケル・フィンケル著／宇丹貴代実訳　河出書房新社

『山に生きる人びと』宮本常一著　河出文庫

『怪奇秘宝「山の怪談」編』洋泉社ＭＯＯＫ

『ＮＡＴＵＲＥ　ＦＩＸ　自然が最高の脳をつくる――最新科学でわかった創造性と幸福感の高め方』フローレンス・ウィリアムズ著／栗木さつき・森嶋マリ訳　ＮＨＫ出版

『奇跡講座〈ワークブック編〉〈テキスト編〉』ヘレン・シャックマン著／加藤三代子・澤井美子訳　中央アート出版社

『あるがままに――ラマナ・マハルシの教え』デーヴィッド・ゴッドマン編／福間巖訳　ナチュラルスピリット

読者の皆様へ

私の短い「物語」に最後までお付き合いいただき、ありがとうございました。心より感謝申し上げます。

ささやかながら、Twitterを始めました。

静かな山暮らしの様子、自然との戯れなどを、ゆっくり、のんびり、そして気ままにつぶやいていこうと思います。

また、「独り在ること」「あるがまま」などの意味に対するご意見、「お迎え現象」や「お報せ」、「死後の生」といった死にまつわるご意見・情報などがございましたら、以下の個人アドレスにお寄せください。

今後の作家活動の糧にさせていただきます。

織田淳太郎　拝

Twitter：@JuntaroOda
メールアドレス：odajun47@gmail.com

織田淳太郎（おだじゅんたろう）

1957年北海道室蘭市生まれ。ノンフィクション作家。スポーツや精神医療分野のノンフィクションを多く執筆してきたが、2016年11月、先妻との一人息子を失ったことで執筆の方向性を大きく転換。「死」や「孤独」、「深層心理」、「精神世界」など人間存在の根幹に触れる普遍的なテーマに目を向けるようになった。主な著書に『「首都高に散った世界チャンプ」大場政夫』（小学館文庫）、『巨人軍に葬られた男たち』（新潮文庫）、『捕手論』『コーチ論』『医者にウツは治せない』『精神医療に葬られた人びと』（以上、光文社新書）、『ルポ　現代のスピリチュアリズム』（宝島社新書）、『ある精神科医の試み』『死が贈りものになるとき』（以上、中央公論新社）など。

「孤独《こどく》」という生《い》き方《かた》

「ありのままの自分《じぶん》」でいることのできる、自分《じぶん》だけの居場所《いばしょ》を求《もと》めて

2021年8月30日初版1刷発行

著　者 ― 織田淳太郎

発行者 ― 田邉浩司

装　幀 ― アラン・チャン

印刷所 ― 堀内印刷

製本所 ― ナショナル製本

発行所 ― 株式会社光文社
東京都文京区音羽1-16-6（〒112-8011）
https://www.kobunsha.com/

電　話 ― 編集部03（5395）8289　書籍販売部03（5395）8116
業務部03（5395）8125

メール ― sinsyo@kobunsha.com

　ISBN 978-4-334-04558-6

光文社新書

1148
腸と森の「土」を育てる
微生物が健康にする人と環境

桐村里紗

人の不調と、環境の不調は「土」でつながっている——最も身近な自然環境＝「腸内環境」と心身の関係、日々の食事の選択の重要性と方法を「プラネタリーヘルス」の観点から説く。

978-4-334-04556-2

1149
世間体国家・日本
その構造と呪縛

犬飼裕一

この国を支配する「空気の構造」とは？ そして、他人の目が気になるのはなぜ？ 家庭で、学校で、社会で、人の心の中で、世間体はどう作用しているのか。歴史社会学者が多角的に考察。

978-4-334-04557-9

1150
「孤独」という生き方
「ありのままの自分」でいることのできる、自分だけの居場所を求めて

織田淳太郎

自らの体験に加え、孤独な生き方を実践する人たちへの豊富な取材を基に、人間の根源的な欲求を突き詰め、真に「生きる」とはどういうことかを考察する実用的ノンフィクション。

978-4-334-04558-6

1151
ニュースの未来

石戸諭

テレビ、新聞、出版…ニュースを巡る環境が悪化するなか、本当にこれらのメディアに未来はないのか。気鋭のノンフィクションライターが、ニュースの本質とその未来に迫る。

978-4-334-04559-3

1152
「ボヘミアン・ラプソディ」の謎を解く
〝カミングアウト・ソング〟説の真相

菅原裕子

同名映画も大ヒットした「過去1000年で最も重要な曲」にフレディ・マーキュリーが込めたメッセージとは。膨大な資料をもとに、近年ささやかれている、ある「仮説」を検証。

978-4-334-04537-1